ROBERTO FERNÁNDEZ VALLEDOR

ISLAS ABRAZADAS: SOCIEDAD Y LITERATURA EN LAS ANTILLAS HISPÁNICAS

2008

ISLAS ABRAZADAS: SOCIEDAD Y LITERATURA EN LAS ANTILLAS HISPÁNICAS

Roberto Fernández Valledor
Apartado 248
Moca, PR 00676-0248
f_valledor@yahoo.com

EDITORIAL AYMACO
Apartado 57
Aguada, PR 00602

Impresión y encuadernación
Impresora Lulu
Morrisville, NC 27560

2

ÍNDICE

AL LECTOR

¡Somos islas! Islas verdes. Esmeraldas
en el pecho azul del mar.
Verdes islas. Archipiélago de frondas
en el mar que nos arrulla con sus ondas
y nos lame en las raíces del palmar.

Luis Llorens Torres

Existe un estrecho vínculo histórico, geográfico y cultural entre las Antillas hispánicas, al punto que podríamos hablar de islas gemelas o como las llama Martí "islas abrazadas". Muchas veces esto pasa inadvertido o se quiere ignorar. Don Enrique A. Laguerre acentúa esta idea cuando afirma que Cuba, Puerto Rico y Santo Domingo son islas de desterrados, islas mestizas e islas de profunda americanidad. Basta una lectura superficial a la historia de estos tres países para atestiguar dicha relación.

Los ensayos que aparecen en este trabajo fueron escritos por diversas circunstancias y en momentos diferentes. En su conjunto dan una idea sobre los orígenes históricos de la sociedad y la literatura de estas Antillas, de su romanticismo y su naturalismo, así como de su modernismo y las generaciones de los años veinte y treinta. Se ofrece, por consiguiente, una visión panorámica de su desarrollo social a base de unos temas muy particulares. La mayoría de los trabajos se publicaron en diferentes revistas, lo cual se indica en cada caso. El que estudia la ensayística se amplió para incorporar a la República Dominicana. Según se podrá apreciar, me interesa destacar lo histórico y lo social para entender lo literario.

Abrigo la esperanza de que la lectura de esta obra nos permita comprendernos mejor y nos ayude a unirnos más como aspiraba el insigne Apóstol José Martí, quien el 14 de mayo de 1892 escribió en el periódico *Patria*:

> Ni un átomo de lacayo tuvo en vida el previsor puertorriqueño, el invencible Baldorioty de Castro, a quien, en símbolo sagaz, tributaron homenaje ayer, en las fiestas de la heroica ciudad dominicana de Azua, las tres Antillas que han de salvarse juntas, o juntas han de perecer, las tres vigías de la América hospitalaria y deseable, las tres hermanas que de siglos atrás vienen cambiando los hijos y enviándose los libertadores, las tres islas abrazadas de Cuba, Puerto Rico y Santo Domingo.

LA LITERATURA HISPÁNICA DE LAS ANTILLAS EN LOS SIGLOS XVI-XVII[*]

¡Somos las Antillas! Hijas de la Antilia fabulosa.
Las Hespérides amadas por los dioses.
Las Hespérides soñadas por los héroes.
Las Hespérides cantadas por los bardos.
Las amadas y soñadas y cantada
por los dioses y los héroes y los bardos
de la Roma precristiana y la Grecia mitológica.

Luis Llorens Torres

A mi esposa Ana Luz
con cariño

Las Antillas, especialmente Cuba, Santo Domingo y Puerto Rico, están vinculadas no sólo por su proximidad geográfica, sino también por los acontecimientos históricos, políticos, sociales y culturales que las unen muy estrechamente.[1] Es aquí donde los europeos toman contacto con un mundo totalmente desconocido para ellos y donde se inicia el mestizaje étnico y cultural que fecunda a los pueblos iberoamericanos. Su literatura, sobre todo por la inmigración y el destierro de intelectuales, ha seguido una trayectoria muy parecida. Todo esto le ha dado una configuración muy particular a esta región, al punto que, sin duda alguna, se puede hablar de una literatura antillana.[2]

En el presente trabajo realizaré un acercamiento general a esa literatura isleña durante sus dos primeros siglos. El primero de ellos resulta ser de trasplante y aclimatación literaria, quienes se distinguen en él son principalmente los españoles, a los cuales les deslumbra la tierra americana. El siglo XVII puede llamarse el del germen de la criollidad, cuyo florecimiento continuará en la centuria siguiente y alcanzará pleno fortalecimiento en el siglo XIX con la

---

[*] Publicado en *Faro*, Universidad de Puerto Rico en Aguadilla, septiembre de 1984.
[1] Otto Olivera. *Breve historia de la literatura antillana* (Ediciones de Andrea: México, 1957) 7; Enrique A. Laguerre. *Polos de la cultura iberoamericana* (Florentia Publishers, Inc.: Boston, 1977) 38, 46-47, 69, 115, 137-146, 156.
[2] Raimundo Lazo. *Historia de la literatura hispanoamericana: El período colonial (1492-1780)* (Editorial Porrúa: México, 1969) 317-318; Pedro Henríquez Ureña. *Obra crítica* (Fondo de Cultura Económica: México, 1950) 259.

independencia política. Estos primeros tiempos de gestación nacional y cultural tienen muchos elementos comunes en estas Islas, ya lo advierte Otto Olivera cuando afirma: "Los tres primeros siglos de vida colonial en las Antillas españolas ofrecen condiciones de vida similares, producidas por una economía precaria y su consiguiente escasez de población. Si bien no faltan, igualmente, tonalidades propias a cada isla."[3] Se da una especie de flujo y reflujo en el cual se conjugan elementos comunes y singulares en la solidificación de estos pueblos antillanos.

HISTORIA

Cristóbal Colón descubrió a Cuba y a Santo Domingo en su primer viaje el año 1492 y a Puerto Rico durante el segundo en el 1493.[4] Más que un descubrimiento, el Almirante genovés establece un acercamiento o comunicación entre dos mundos, debido a lo cual Parry y Sherlock afirman con mucha razón: "Decir que Colón descubrió América es un error: Colón reveló a los europeos la existencia de continentes e islas que ya estaban habitadas, y lo habían estado por muchos siglos. Colón no descubrió un nuevo mundo; tan sólo estableció un contacto entre dos mundos ya viejos."[5] Con el establecimiento de la Isabela en Santo Domingo,[6] comienza el desarrollo colonial en esa Isla, la cual alcanza su máximo esplendor cuando se erige en virreinato. Adquiere tal preponderancia que, según expresa Joaquín Balaguer, se convierte en "[...] centro de la enorme actividad civilizadora desarrollada en el Nuevo Mundo durante la primera mitad del siglo XVI."[7] De ella

---

[3] O. Olivera, *op. cit.*, 7.

[4] Carlos Márquez Sterling. *Historia de Cuba: Desde Colón hasta Castro* (Las Américas Publishing Co.: New York, 1963) 11-12; Rafael Esténger. *Sincera historia de Cuba. Desde Colón hasta nuestros días* (Editorial Bedout, S.A.: Colombia, 1974) 28; Calixto Masó. *Historia de Cuba (La lucha de un pueblo por cumplir su destino histórico y su vocación de libertad)* (Ediciones Universal: Miami, 1976) 26-29; Jacinto Gimbernard. *Historia de Santo Domingo* (Editorial Cultural Dominicana, S.A.: Santo Domingo, 1976) 38; Salvador Brau. *Puerto Rico y su historia* (Editorial Cuarto Centenario: San Juan, 1972) 98-105; Salvador Brau. *La colonización de Puerto Rico. Desde el descubrimiento de la Isla hasta la reversión a la corona española de los privilegios de Colón* (Instituto de Cultura Puertorriqueña: San Juan, 1969) 35-37; Arturo Morales Carrión. *Historia del pueblo de Puerto Rico: Desde sus orígenes hasta el siglo XVIII* (Editorial Cordillera: San Juan, 1974) 72-76; Loida Figueroa. *Breve historia de Puerto Rico. Desde sus comienzos hasta 1800* I (Editorial Edil, Inc.: Río Piedras, 1968) 45-51.

[5] J. Parry y Philip Sherlock. *Historia de las Antillas* (Editorial Kapeluz: Buenos Aires, 1976) 1.

[6] Véase, José Augusto Puig Ortiz. *Por la revalorización histórica de las ruinas de La Isabela, primera ciudad del Nuevo Mundo* (Editora del Caribe: Santo Domingo, 1973).

[7] Joaquín Balaguer. *Historia de la literatura dominicana* (Gráfica Guadalupe: Argentina, 1972) 55. Véase, además: J. Gimbernard, *op. cit.*, 38; A. Morales Carrión, *op. cit.*, 77; Parry y Sherlock, *op. cit.*, 24-25.

partieron expediciones para colonizar a las otras Antillas, primero Puerto Rico en el año 1509 y luego Cuba en el 1511.[8]

Las Antillas se convirtieron en el centro de la colonización de tierra firme, entre otros lugares, de México, Perú, la Florida y Panamá. Por ellas pasaron la mayoría de los más importantes conquistadores. Al principio, la minería constituyó la base económica de estas islas, pero bien pronto los colonizadores españoles se percatan que esta región era muy pobre en plata y oro, entonces cobra vital importancia el desarrollo de la agricultura y la ganadería.[9]

La política europea incidirá en el desenvolvimiento de estos pueblos, pues las guerras que se libraban en Europa tienen una repercusión decisiva en los mares antillanos, por eso los corsarios ingleses, franceses y holandeses comenzaron a surcarlos, en abierto desafío a la Bula Papal mediante la cual se había repartido el Nuevo Mundo entre portugueses y españoles, con el fin de establecer colonias para sus respectivos países. Por tal razón, el asedio a las ciudades más importantes fue muy común en ese tiempo. La Metrópoli, entonces, convierte a las Antillas en un bastión militar, fortaleza o antemural del gran imperio hispánico, gracias a su privilegiada situación geográfica, y para ello inicia las fortificaciones militares y la edificación de sólidas murallas en los principales pueblos para protegerlos de las depredaciones militares de estos intrépidos marinos.[10]

Con el fin de controlar el tráfico marítimo y regular la economía de sus lejanas y dispersas posesiones, España implanta un rígido monopolio mercantil que los vecinos burlan fácil y constantemente con el contrabando o *rescate*, como en ese tiempo se le llamaba. En vano las autoridades pretendieron eliminar el contrabando, no sólo porque se comerciaba ilegalmente, sino para salvaguardar la pureza doctrinal religiosa, ya que mediante dicho comercio los vecinos se ponían en contacto con los "herejes extranjeros". Para evitar esto, recurren a la horca, el cepo y la cárcel; resulta tan drástica esta disposición que se llega al extremo de la supresión y exterminio de villas ya establecidas. A esto último se le llamó las *devastaciones*,

---

[8] Véase, A. Morales Carrión, *op. cit.*, 77-90; S. Brau. *La colonización de Puerto Rico, op. cit.*, 122-123; L. Figueroa, *op. cit.*, 57-74; R. Esténger, *op. cit.*, 37; C. Márquez Sterling, *op. cit.*, 16-17; Parry y Sherlock, *op. cit.*, 14.

[9] J. Balaguer, *op. cit.*, 56; A. Morales Carrión, *op. cit.*, 123-127, 147-148.

[10] Véase, A. Morales Carrión, *op. cit.*, 156-167, 175-181; S. Brau. *La colonización de Puerto Rico, op. cit.*, 382-383; S. Brau. *Puerto Rico y su historia, op. cit.*, 208-209; C. Márquez Sterling, *op. cit.*, 39-48; J. Gimbernard, *op. cit.*, 118-132; Parry y Sherlock, *op. cit.*, 7-8, 15, 36-42, 48, 54.

las cuales tuvieron funestas consecuencias para las Islas, particularmente para La Española.[11]

Cuando comienza la colonización del Perú, las Antillas prácticamente quedan despobladas, pues el afán de todos era irse a enriquecer a tierra firme. México había sido también un poderoso atractivo para los habitantes de las Antillas.[12] Fue tan crítica la situación de esta región que las autoridades tomaron medidas extremas. Entre otros ejemplos, en el siglo XVI el gobernador don Manuel de Lando decretó la pena de muerte para quienes abandonasen a Puerto Rico. El 2 de julio de 1534, el propio Gobernador le comunica al Rey que habían capturado un barco que huía furtivamente, pero como castigo por este hecho, mandó a azotar a unos y a otros se les cortaron los pies.[13] Este estado de abandono irá resarciéndose en los siglos venideros con la transformación de estas islas en factoría cañera, aunque siempre tendrán como principal problema la falta de mano trabajadora, por eso se intensificará el tráfico de negros esclavos.

LA PROSA

Durante estos dos primeros siglos, la prosa es fundamentalmente historiográfica o didáctica. Los colonizadores están afanados en la fundación de pueblos y quieren asegurarse de dejar constancia sobre sus proezas. Algunos críticos consideran a Cristóbal Colón nuestro precursor literario, ya que en sus cartas y diarios presenta las primeras descripciones del paisaje y la geografía del Nuevo Mundo. El doctor Diego Álvarez Chanca en su Carta al Cabildo de Sevilla, fechada en el año 1493 ó 1494, redacta lo que será el primer esbozo de descripción de la flora y la fauna americanas.[14]

Fray Bartolomé de las Casas se destaca entre los primeros historiadores gracias a su extensa y apasionada *Historia de las Indias*, en la cual plasma su experiencia americana; resulta un gran paisajista y excelente retratista. A su vez, Juan Ponce de León

---

[11] Véase, A. Morales Carrión, *op. cit.*, 182-190; Parry y Sherlock, *op. cit.*, 33-35, 55. Este hecho inspira el poema épico cubano *Espejo de paciencia* del canario Silvestre de Balboa. También el destacado escritor dominicano Carlos Esteban Deive lo dramatiza en forma excelente en su novela *Las devastaciones*.

[12] Véase, L. Figueroa, *op. cit.*, 98; C. Masó, *op. cit.*, 47; Parry y Sherlock, *op. cit.*, 16.

[13] S. Brau. *Puerto Rico y su historia, op. cit.*, 217-218.

[14] Véase, Joaquín Balaguer. *Colón, precursor literario* (Santo Domingo: [s.n.], 1974) 9-41; Pedro Henríquez Ureña. *Utopía de América* (Biblioteca Ayacucho: Caracas, 1978) 88, 89, 91; Salvador Bueno. *Historia de la literatura cubana* (Editora del Ministerio de Educación: La Habana, 1963) 29-30; Josefina Rivera de Álvarez. *Diccionario de literatura puertorriqueña* I (Instituto de Cultura Puertorriqueña: San Juan, 1970) 25-26; Aurelio Tió. *Dr. Diego Álvarez Chanca: Estudio biográfico* (Taller de Manuel Pareja: Barcelona, 1966) 49-207.

escribe la *Carta-relación* al Gobernador Ovando sobre el viaje que hiciera a Puerto Rico en el año 1509 con el fin de colonizarlo. Conservamos tan sólo una de las *Cartas-relación* redactadas por Diego Velázquez sobre la conquista de Cuba, la misma está fechada el 1 de abril de 1514.[15]

Sin embargo, será Gonzalo Fernández de Oviedo quien nos deja escrita la mejor descripción sobre la realidad antillana y la vida de los primitivos habitantes en su *Historia general y natural de Indias*, escrita en el año 1526. A su vez, Pedro de Córdoba, fraile dominico que estaba al frente de esta comunidad religiosa en La Española, -a quien nombraron Inquisidor General de Indias en unión al Obispo Alonso Manso de Puerto Rico-, escribió *Doctrina cristiana* para catequizar a los indios. Aunque publicada por vez primera en México el año 1544, la había redactado antes y es modelo en su género.[16]

Un documento escrito en Cuba con fecha de 1572 por un tal Licenciado Cabrera presenta "[...] una novelesca narración de naufragios y tesoros escondidos." Y en el Cabildo de La Habana existe un memorial sobre el sanguinario asalto y saqueo de esta ciudad realizado por el cruel pirata francés Jacques de Sores en el año 1555, así como otros relatos de la vida colonial en el siglo XVI.[17]

El Presbítero Juan Ponce de León y Troche y el Bachiller Antonio de Santa Clara redactan la *Memoria de Melgarejo* en 1582, la cual representa un valioso documento para conocer la vida del Puerto Rico de entonces. Asimismo, el Obispo Fray Damián López de Haro en 1644 escribe una curiosa *Carta-relación* a Juan Díez de la Calle, en la cual narra el estado de Borinquen y resulta una importante fuente para conocer la intrahistoria isleña de ese tiempo. También es el testimonio más antiguo que poseemos de que en Puerto Rico se hacían representaciones teatrales. Tres años más tarde, el Canónigo puertorriqueño Diego Torres Vargas le envía al Cronista español Gil González Dávila una *Descripción de la Isla y ciudad de Puerto Rico*, la cual ofrece una serie de datos importantes

[15] Véase, P. Henríquez Ureña. *Utopía de América, op. cit.,* 93; Max Henríquez Ureña. *Panorama histórico de la literatura dominicana* I (Librería Dominicana: Santo Domingo, 1966) 21-22; Max Henríquez Ureña. *Panorama histórico de la literatura cubana* I (Ediciones Mirador: San Juan, 1963) 17-18; Joaquín Balaguer. *Historia de la literatura dominicana, op. cit.,* 19-25; J. Rivera de Álvarez, *op. cit.,* 23-25, 39-41; Josefina Rivera de Álvarez y Manuel Álvarez Nazario. *Antología general de la literatura puertorriqueña* I (Ediciones Partenón: Madrid, 1982) 6-8, 10-13; S. Bueno, *op. cit.,* 20, 21.
[16] Véase, J. Rivera de Álvarez, *op. cit.,* 27-31; J. Rivera de Álvarez y M. Álvarez Nazario, *op. cit.,* 8-10; J. Balaguer. *Colón, precursor literario, op. cit.,* 89-114; J. Balaguer. *Historia de la literatura dominicana, op. cit.,* 34-45.
[17] S. Bueno, *op. cit.,* 22.

sobre el vivir isleño. Para algunos críticos tiene aspectos revisionistas a las opiniones del Obispo López de Haro, no obstante, los recientes estudios de Pío Medrano ponen en duda este hecho.[18] Aproximadamente en el año 1650, el Canónigo Luis Jerónimo Alcocer presenta una visión de la sociedad dominicana de ese tiempo en la *Relación de la Isla Española* que utilizó el mencionado González Dávila para su *Teatro eclesiástico de la Primitiva Iglesia de las Indias Occidentales*, escrito en dos volúmenes en Madrid entre los años 1649 al 1655.[19]

POESÍA ÉPICA

Las crónicas, género que alcanzó notable preeminencia en América, se encargaron de narrar las hazañas de los descubridores y colonizadores, además, se convirtieron en testimonios perennes de las culturas amerindias. Las novelas de caballerías resultaban innecesarias para exaltar la imaginación de los lectores, ya que los cronistas europeos presenciaban cosas más fabulosas aún que las narradas en ese género. Era lo real maravilloso americano que comenzaba a deslumbrar al europeo y más tarde servirá de vehículo renovador en nuestra novelística del siglo XX. Después de las crónicas, la épica se encargará de realzar la vida, hechos y hazañas de quienes cruzaron los mares para edificar nuevos pueblos. Sin embargo, es una épica con pocos vuelos, principalmente debido a que se ciñe mucho a lo historiográfico, pues los acontecimientos que narran están muy próximos al autor.

Se escribieron numerosos poemas épicos en América, pero los antillanos son más parcos durante estos siglos. No obstante, lo épico aflorará posteriormente en nuestra literatura como una forma de afianzar lo autóctono, por esta razón no nos resulta extraño encontrar en esta epopeya primitiva algunos elementos fundamentales de nuestra identidad como pueblos americanos.

Juan de Castellanos es el autor de la extensísima obra *Elegía de varones ilustres de Indias*, cuya primera parte se publica en 1589 y las restantes en el año 1847. Es una crónica rimada que sigue

---

[18] Véanse las siguientes obras de Pío Medrano Herrero. *Don Damián López de Haro y don Diego Torres y Vargas: Dos figuras del Puerto Rico barroco* (Editorial Plaza Mayor: San Juan, 1999). *Damián López de Haro en la historiografía puertorriqueña* (Secretariado General Trinitario: Roma, 2004). Damián López de Haro. *Carta-Relación a Juan Díez de la Calle*, edición de Pío Medrano (Universidad Interamericana de Puerto Rico: San Juan, 2005).
[19] Véase, Eugenio Fernández Méndez. *Crónicas de Puerto Rico (1493-1797)* (Departamento de Instrucción Pública: San Juan, 1957) 107-134, 157-160; J. Rivera de Álvarez, *op. cit.*, 43-45, 46-49; J. Rivera de Álvarez y M. Álvarez Nazario, *op. cit.*, 13-15, 23-27; M. Henríquez Ureña. *Panorama histórico de la literatura dominicana, op. cit.*, 52-53.

fielmente los acontecimientos históricos. Se hace referencia a Santo Domingo en la primera, tercera y cuarta elegías, ya que describe tanto el descubrimiento como la colonización de esta Isla hasta la muerte de Colón. La sexta y la séptima están dedicadas a Juan Ponce de León y a Diego Velázquez, respectivamente; en ellas se hace una descripción de Puerto Rico y Cuba, lugar de las hazañas de estos militares colonizadores.[20]

Sin embargo, es el canario Silvestre de Balboa Troya y Quesada, residente en Puerto Príncipe, hoy Camagüey, quien nos da en su *Espejo de paciencia* del año 1608, el primer poema épico donde el europeo, el criollo, el negro y el indio –o sea, lo que constituye nuestro mestizaje racial y cultural- aparecen en el mismo plano. El secuestro del Obispo fray Juan de las Cabezas Altamirano por el corsario francés Gilberto Girón, inspiró al poeta y cuya obra, sin gran elocuencia ni mucho dominio poético, resulta un importante testimonio de la Cuba del siglo XVII y muestra ya, tan temprano, lo que se podría considerar las bases de la cubanidad. Es, sin duda alguna, una obra de auténtica antillanía.[21]

POESÍA LÍRICA

En nuestras letras, la poesía lírica precedió a la épica. El siglo XVI nos muestra en Santo Domingo a varios poetas que se distinguieron y, caso curioso, también poetisas. Si bien escriben poesía de ocasión, no es menos cierto que ella resulta el fundamento de la ulterior producción lírica, según explica Max Henríquez Ureña:

> En su mayoría, los hombres ilustrados que afluían a la ciudad de Santo Domingo, asiento de la primera Audiencia, el primer arzobispado, de los primeros conventos y de la primera universidad del Nuevo Mundo, mantenían comercio con las letras, ya que el hábito de escribir tuvo carácter general y colectivo en la España de

---

[20] Véase, M. Henríquez Ureña. *Panorama histórico de la literatura dominicana, op. cit.,* 39-40; M. Henríquez Ureña. *Panorama histórico de la literatura cubana, op. cit.,* 19-20; J. Balaguer. *Historia de la literatura dominicana, op. cit.,* 39-40; J. Rivera de Álvarez, *op. cit.,* 35 38; J. Rivera de Álvarez y M. Álvarez Nazario, *op. cit.,* 15-23; S. Bueno, *op. cit.,* 20-21; Juan de Castellanos. *Elegías de Varones Ilustres de Indias* (Biblioteca de Autores españoles: Madrid, 1944) 5-23, 30-44, 51-73.

[21] Véase, Raimundo Lazo. *Historia de la literatura cubana* (Editorial Porrúa: México, 1974) 24-27; R. Lazo. *Historia de la literatura hispanoamericana, op. cit.,* 321-323; O. Olivera, *op. cit.,* 14; Juan J. Remos y Rubio. *Historia de la literatura cubana* I (Mnemosyne Publishing Co., Inc.: Miami, 1969) 37-42; M. Henríquez Ureña. *Panorama histórico de la literatura cubana, op. cit.,* 35-48; S. Bueno, *op. cit.,* 24-32; Roberto Fernández Valledor. "*Espejo de paciencia:* Un testimonio de la Cuba del siglo XVII", *Método y Sentido,* Universidad de Puerto Rico, Aguadilla, agosto- diciembre 1984.

aquel tiempo. Además, hubo entre ellos [...] algunos escritores y poetas auténticos.[22]

A esto debemos añadir que durante los siglos XVI y XVII residieron en La Española grandes escritores, entre los cuales se destacan: Eugenio Salazar de Alarcón, poeta madrileño que estuvo en la Isla de 1573 a 1580; Lázaro Bejarano, poeta y escritor sevillano, quien vivió largo tiempo allí poco después del 1534. El distinguido fraile mercedario Fray Gabriel Téllez, el gran Tirso de Molina, fue destinado al convento de Las Mercedes desde el año 1616 al 1618, y según Joaquín Balaguer varias de sus comedias "[...] particularmente las tituladas *La Villana de Vallecas* y *Amazonas en las Indias* poseen reminiscencias de Santo Domingo que revelan la profunda impresión dejada en el espíritu del insigne mercedario por las costumbres de los indígenas y por la naturaleza tropical de los territorios que conoció en el Nuevo Mundo."[23]

Otro de los escritores sobresalientes que residieron en Santo Domingo fue el Obispo Bernardo de Balbuena, autor de *La Grandeza Mexicana* (México, 1604), *El Siglo de Oro en las selvas de Erífili* (Madrid, 1608) y el *Bernardo del Carpio* (Madrid, 1624). Luego fue promovido a la mitra episcopal puertorriqueña, donde contrasta su renombre literario con "[...] el pobre y árido ambiente cultural del Puerto Rico de aquellos tiempos."[24] Según el polígrafo don Marcelino Menéndez y Pelayo: Este autor "[...] en Puerto Rico retocó el *Bernardo* y escribió su prólogo, enlazando así en cierto modo la gloria de su nombre con el de la isla, y haciéndola sonar por todos los países donde se hable o entiende la lengua castellana".[25] En septiembre de 1625 el corsario holandés Balduino Enrico tomó la ciudad de San Juan, pero la feroz resistencia de los vecinos hizo que el 2 de noviembre saliera de Puerto Rico, no sin antes quemar la ciudad. En este incendio se perdieron cinco obras que el Obispo había traído de México para publicarlas, de las cuales sólo sabemos los títulos.[26] Lope de Vega inmortalizará en su *Laurel de Apolo* el

[22] M. Henríquez Ureña. *Panorama histórico de la literatura dominicana, op. cit.,* 46.
[23] J. Balaguer. *Historia de la literatura dominicana, op. cit.,* 59. Véase, además, Herman Reichard Esteves. "El viaje de Tirso de Molina a Santo Domingo", *De historia y literatura puertorriqueñas* (Universidad de Puerto Rico: Aguadilla, 1992) 247-281.
[24] J. Rivera de Álvarez, *op. cit.,* 67-71. Para una visión general de su vida véase Vicente Murga – Álvaro Huerga. *Episcopologio de Puerto Rico* III (Universidad Católica de Puerto Rico: Ponce, 1989) 37-54.
[25] Marcelino Menéndez y Pelayo. *Historia de la poesía Hispano-Americana* I (Aldus S.A. de Artes Gráficas: Santander, 1948) 328.
[26] Véase, *Ibid.,* 328; J. Balaguer. *Historia de la literatura dominicana, op. cit.,* 59-60; L. Figueroa, *op. cit.,* 95-97.

ingenio del prelado. Muere en este obispado y su cuerpo yace en la Iglesia Catedral de San Juan. Su epitafio recoge un fragmento de los versos que Lope de Vega le dedicara en el mencionado *Laurel de Apolo*.

No es de extrañar, pues, que en este ambiente intelectual florecieran algunos escritores nativos. Eugenio Salazar, en su *Silva de la poesía*, elogia a Francisco Tostado de la Peña, Elvira de Mendoza y Leonor de Ovando, monja dominica, de la cual "[...] se conservan seis composiciones: cinco sonetos y unos versos sueltos. En los sonetos, escritos con facilidad y hasta cierta prestancia clásica, hay rasgos ocasionales de auténtica inspiración; pero en los versos sueltos se utiliza, con no tan buenos efectos, la repetición y el juego de conceptos."[27] Juan de Castellanos en su *Elegía* alaba a algunos de los poetas nativos: Diego de Guzmán, su primo Juan de Guzmán, Arce de Quirós y al Canónigo Francisco Liendo. También engrosan la lista varios religiosos nativos que unieron a su labor pedagógica y pastoral, el arte de escribir: Fray Alonso Pacheco, Fray Diego Ramírez, Fray Alonso de Espinosa y el Canónigo Cristóbal de Llerena.[28]

A este clima literario que hace de Santo Domingo el centro de la intelectualidad de las Antillas hasta las postrimerías del siglo XVII, contribuye la fundación de la primera universidad en el año 1538 con las mismas prerrogativas que tenía la de Alcalá de Henares. Asimismo, hay que destacar la lista de prelados ilustres que durante el siglo XVII ocuparon la silla arzobispal, además de la decisiva e importante influencia cultural y erudita de los conventos religiosos.[29]

Francisco Ayerra y Santamaría es el poeta lírico más importante de las Antillas a fines del siglo XVII. Surge como literato, "[...] pero no en el suelo patrio, donde la aridez intelectual del medio no resultaba propicia, sino en la Nueva España."[30] Las décimas anónimas que circulan en San Juan para el año 1690, en alabanza a Martínez de Andino, mientras éste se encontraba preso en el Morro,

---

[27] O. Ollvera, *op. cit.*, 12-13.
[28] P. Henríquez Ureña. *Obra crítica, op. cit.*, 354-360; M. Henríquez Ureña. *Panorama histórico de la literatura dominicana, op. cit.*, 46-51.
[29] P. Henríquez Ureña. *Obra crítica, op. cit.*, 124-125, 343-349; J. Balaguer. *Historia de la literatura dominicana, op. cit.*, 55; M. Henríquez Ureña. *Panorama histórico de la literatura dominicana, op. cit.*, 60-61. Según este autor: "La Universidad [de Santo Domingo] mantuvo gran prestigio y a ella concurrían estudiantes de otras regiones del Nuevo Mundo". *Ibid.*, 27-60. A su vez, Pedro Henríquez Ureña recalca que la Universidad de Santo Domingo "[...] ejerció gran influencia en la zona del Mar Caribe. De ella son hijas las de Santa Rosa en Caracas y la de San Jerónimo en La Habana". *Ibid.*, 340-342.
[30] J. Rivera de Álvarez, *op. cit.*, 72-76; J. Rivera de Álvarez y M. Álvarez Nazario, *op. cit.*, 31-32.

constituyen una muestra de que este tipo de estrofa ya estaba arraigada en el pueblo. Esto mismo sucedía en Cuba y Santo Domingo.[31] Hasta nuestros días, la décima ha sido el principal vehículo de nuestros improvisadores y versadores para expresar sus sentimientos y narrar los hechos sobresalientes de nuestra historia y nuestra cultura. En sus versos encontramos la esencia de nuestra poesía popular antillana.

TEATRO

Las representaciones dramáticas eran ocasionales en la vida colonial antillana. No tuvimos aquí un teatro catequético como en México o Perú, utilizado por los frailes para la evangelización de los aborígenes.[32] Sólo en las grandes ocasiones se hacían representaciones en las Antillas, por ejemplo, cuando llegaba un dignatario eclesiástico o gubernamental, una festividad religiosa o celebración civil, todo lo cual constituía un acontecimiento notable en el anodino vivir colonial cotidiano. Se preparaba para ello distintas actividades tanto seculares como religiosas. Fray Damián López de Haro describe que a su arribo a San Juan para tomar posesión de la silla episcopal fue "[...] recibido no sólo con todas las prevenciones que dispone el ceremonial Romano, sino con numerosas demostraciones de singular alegría, con danzas, comedias, toros y cañas que casualmente estaban prevenidas para la fiesta de dicho San Antonio a quien el día siguiente dijimos la Santa Misa."[33]

Según Max Henríquez Ureña, la afición del teatro no había llegado aún a la plaza pública como sucedía en España y las representaciones se efectuaban al amparo de la Iglesia en ciertas celebraciones religiosas, las cuales se hacían en el mismo templo. Según este distinguido estudioso dominicano, se han perdido los libretos de dichas obras: Sólo "Una muestra ha podido conservarse: Un *Entremés* representado en la Catedral por los estudiantes de la Universidad de Santiago de la Paz el 23 de junio de 1588, en la octava de la solemnidad del Corpus Christi."[34]

En las Actas del Cabildo de La Habana se consigna que en las festividades religiosas, particularmente del Corpus Christi, la cual era

---

[31] Véase, J. Rivera de Álvarez, *op. cit.*, 53-54; J. Remos y Rubio, *op. cit.*, 53-60; M. Henríquez Ureña. *Panorama histórico de la literatura dominicana, op. cit.*, 124-130.
[32] Véase, P. Henríquez Ureña. *Utopía de América, op. cit.*, 146-264.
[33] E. Fernández Méndez, *op. cit.*, 160-161.
[34] M. Henríquez Ureña. *Panorama histórico de la literatura dominicana, op. cit.*, 53. Véase, además, P. Henríquez Ureña. *Utopía de América, op. cit.*, 168, nota 2.

una de las que con mayor realce se celebraba[35]: "Se disponían invenciones, danzas y juegos y se representaban obras, acaso debidas a algún ingenio local, pero no se ha conservado ninguna de ellas."[36] En las mismas Actas se evidencia que, tan temprano como el 12 de mayo de 1570, el Cabildo contrataba a diversas personas para que realizaran algún entretenimiento que consistía desde una simple danza a una representación teatral. Dichos documentos constatan que Francisco de Mojica es el más antiguo nombre conocido de autor teatral en Cuba.[37]

NOVELA

La novela resulta un género tardío en el desarrollo literario de los pueblos, pues se tienen que dar unas circunstancias muy particulares entre las cuales son esenciales: una imprenta y unos lectores. En América las imprentas eran pocas y estaban muy controladas y los lectores eran muy limitados. Pero existía un agravante mayor: la prohibición de traer novelas al Nuevo Mundo, ya que este género se consideraba pernicioso para los indios. Aunque circularon muchas novelas a pesar de esta orden regia y tuvimos novelistas entre nosotros, por ejemplo Tirso de Molina y Bernardo de Balbuena, tendremos que esperar hasta el siglo XIX para tener nuestra primera novela.

Sin embargo, la novela antillana que alcanzará en los siglos XIX y XX sitiales universales, ya tiene antecedentes en esta época. De esbozo novelesco se puede clasificar la obrita *Infortunios de Alonso Ramírez*, publicada en 1690 y escrita por el mexicano don Carlos Sigüenza y Góngora. En ella se narra las aventuras del carpintero puertorriqueño Alonso Ramírez y sus andanzas por el mundo como prisionero de un buque pirata. José Luis González entiende que no estuvo cautivo, tomando en consideración todo lo que los piratas le dieron al dejarlo en libertad. Explica que Alonso Ramírez:

---

[35] El Concilio de Viena en el año 1311 aprobó la celebración de la fiesta del Corpus Christi para la Iglesia Universal. Dicha celebración cobró auge con el Concilio de Trento en el siglo XVI, ya que era una forma de catequizar al pueblo sobre la presencia real de Cristo en la Eucaristía, lo cual era parte de la discusión teológica católico-protestante. Véase *Catecismo del Santo Concilio de Trento para los Párrocos* (Librería Religiosa de M. Echeverría: Madrid, 1914) 219-268.

[36] M. Henríquez Ureña. *Panorama histórico de la literatura cubana, op. cit.,* 27. Véase, además, S. Bueno, *op. cit.,* 22

[37] Véase, M. Henríquez Ureña. *Panorama histórico de la literatura cubana, op. cit.,* 27-28.

[...] además de protagonista de uno de los mejores libros de la literatura colonial hispanoamericana, haya sido también el primer criollo aventurero –prototipo posible de una picaresca insular apenas cultivada hasta hoy- que surcara lejanos mares bajo la bandera de la calavera y las tibias cruzadas.[38]

A simple vista nos damos cuenta de que el verdadero autor no es quien la escribe, sino quien relata los hechos, ya que tiene la narración una viveza y estilo que, como bien apunta don Marcelino Menéndez y Pelayo, no eran propios del mexicano:

[...] Alonso Ramírez no sólo habla en primera persona en toda la relación, lo cual podría ser artificio literario, sino que todo lo que cuenta tiene un sello tan personal y auténtico, tanta llaneza de estilo, que cuesta trabajo atribuírselo a autor tan conceptuoso y alambicado [...] hay que suponer que recogió de labios de Alonso Ramírez la relación de sus aventuras, y las trasladó puntualmente, añadiendo sólo de su cosecha la parte de erudición cosmográfica e hidrográfica.[39]

Resulta, por consiguiente, un relato de corte picaresco al que Sigüenza y Góngora se encarga de ordenar los sucesos y adorna con su erudición.[40]

JURISTAS

Los primeros gobernadores de las Antillas fueron hombres letrados, posteriormente la Metrópoli los sustituirá por gobernadores militares para hacerles frente a los ataques de los enemigos de España y que estén más a tono con la idea de las fortalezas y murallas que se edificaron en las islas antillanas.[41] Hay que añadir a la lista de hombres distinguidos del siglo XVII a varios Oidores de la Real Audiencia de Santo Domingo que fueron juristas eminentes y algunos de los cuales dejaron importantes trabajos de orden jurídico. Entre ellos sobresalen: el doctor Juan Francisco Montemayor de Cuenca, el licenciado Pedro Álvarez de Mendoza y el licenciado Fernando de Araujo y Ribera. Asimismo, se debe señalar a criollos notables que se destacaron en la cátedra de derecho, entre ellos: Juan de Aréchaga y Casas, natural de La Habana, jurisconsulto y poeta que estudió en Salamanca y fue catedrático de dicha

---

[38] José Luis González. *Literatura y sociedad* (Fondo de Cultura Económica: México, 1976) 42.
[39] M. Menéndez y Pelayo, *op. cit.*, 329, nota 1.
[40] Véase, J. Rivera de Álvarez, *op. cit.*, 76-78; J. Rivera de Álvarez y M. Álvarez Nazario, *op. cit.*, 32-36. Francisco Manrique Cabrera. *Historia de la literatura puertorriqueña* (Editorial Cultural: Río Piedras, 1965) 40-42.
[41] Véase, A. Morales Carrión, *op. cit.*, 143-146.

universidad. Algunas de sus obras jurídicas las cita Nicolás Antonio en su *Biblioteca Hispana Nova*, publicada en Roma el año 1672. Otro habanero, Tomás Recino, también fue profesor de Salamanca.[42]

Debemos mencionar, además, a los oradores sagrados y civiles que honraron el púlpito, la cátedra y el foro antillanos, y que luego en el siglo XVIII se considerarán los mejores oradores sagrados de Iberoamérica. Entre ellos, sobresalen los cubanos Saname, Rafael del Castillo, Francisco Xavier Conde, Juan Bautista Barea, José Julián Parreño, Montes de Oca –a quien apodaban Pico de Oro-, José Rodríguez y Santiago José Hechevarría, los cuales ya hacen honor a los grandes oradores decimonónicos, cuya figura descollante será José Martí. El padre jesuita Francisco Rodríguez de la Vera se desempeñó como Catedrático de Prima en la ciudad de México y escribió varios tratados sobre teología escolástica.[43]

PALABRAS FINALES

Las Antillas tuvieron un auge momentáneo en las primeras décadas del siglo XVI y fueron centro de toda la actividad europea en el Nuevo Mundo. No podemos olvidar que un país antillano, Santo Domingo, es la cuna de América, entre otras razones, porque constituye el único país americano habitado por españoles durante los quince años inmediatos al descubrimiento, el primero en la implantación de la cultura europea, el primero que tuvo conventos y escuelas, sedes episcopales, Real Audiencia, derecho a erigir universidades y el primero que produjo hombres de letras.[44]

Si comparamos la producción literaria antillana de los siglos XVI y XVII con la de Iberoamérica, nos daremos cuenta que, para el estado de abandono en que estuvieron Cuba, Santo Domingo y Puerto Rico, mucho se hizo. Durante estos dos siglos son pocas las figuras que trascienden los ámbitos locales. En Perú: el Inca Garcilaso, Pedro de Oña, el padre Acosta y fray Diego de Hojeda. En México tenemos figuras más sobresalientes con Bernal Díaz del Castillo, Carlos Sigüenza y Góngora, Sor Juana Inés de la Cruz y Juan Ruiz de Alarcón. Y de manera particular el teatro didáctico-

---

[42] Véase, M. Henríquez Ureña. *Panorama histórico de la literatura dominicana, op. cit.,* 61-62; S. Bueno, *op. cit.,* 35, Instituto de Literatura y Lingüística de la Academia de Ciencias de Cuba. *Diccionario de la literatura cubana* I (Editorial Letras Cubanas: La Habana, 1980) 69.

[43] J. Remos. *Historia de la literatura cubana, op. cit.,* 84-88; M. Henríquez Ureña. *Panorama histórico de la literatura cubana, op. cit.,* 53-54; Instituto de Literatura y Lingüística de la Academia de Ciencias de Cuba, *op. cit.,* I-II, 188-109, 208, 227-228, 425, 714-715, 916; Manuel Sanguily. *Oradores de Cuba* (Editorial Letras Cubanas: La Habana, 1981) 32-34. J. Rivera de Álvarez, *op. cit.,* 76.

[44] Véase, P. Henríquez Ureña. *Utopía de América, op. cit.,* 28.

religioso de estos dos países que fue de notable influencia cultural. Fijémonos que son los dos núcleos fundamentales de la colonización americana en tierra firme, que en ambos hubo civilizaciones aborígenes de gran cultura y que en ellos se establecieron virreinatos.

Fuera de México y Perú sólo podemos mencionar al padre Anchieta, al padre Vieira y al abogado Gregorio Matos, todos en Brasil y Alonso de Ercilla en Chile; a nadie de importancia en Argentina, Venezuela, Colombia, Paraguay u otro país del continente.

Si nuestra actividad literaria no fue deslumbrante como la de México o Perú, tenemos en los siglos XVI y XVII lo que se puede llamar el fundamento de nuestra literatura y, sobre todo, de nuestro mestizaje, rasgo característico iberoamericano. Así lo destaca el antillano universal Pedro Henríquez Ureña: "La cultura colonial, descubrimos ahora, no fue mero trasplante de Europa, como ingenuamente se suponía, sino en gran parte obra de fusión de cosas europeas y cosas indígenas."[45] A lo cual debemos añadir la aportación de la cultura africana que tan temprano se da en nosotros. Este mestizaje será esencial para entender a nuestros pueblos, nuestra cultura y nuestra literatura.

Las Antillas, pues, están enmarcadas en unas coordenadas étnico-culturales, histórico-políticas y geográfico-sociales que les confieren unos rasgos muy peculiares, las cuales estrechan aún más sus vínculos y marcan ciertas diferencias con los pueblos iberoamericanos de tierra firme. Todo esto reflejará su impronta en el quehacer literario cubano, puertorriqueño y dominicano, que es decir antillano.

---

[45] P. Henríquez Ureña. *Obra crítica, op. cit.*, 335-336.

INDIANISMO ANTILLANO DEL SIGLO XIX: ACERCAMIENTO A TRES AUTORES REPRESENTATIVOS

> *[...] y sé por cierta y infalible ciencia, que los indios tuvieron siempre justísima guerra contra los cristianos, y los cristianos una ni ninguna nunca tuvieron justa contra los indios, antes fueron todas diabólicas e injustísimas, y mucho más que de ningún tirano se puede decir del mundo, y lo mismo afirmo de cuantas han hecho en todas las Indias.*
>
> Fray Bartolomé de las Casas

A los licenciados Miguel Clar y Ángel Cardona, amigos entrañables, quienes continúan la tradición de letrados literatos

Los primitivos pobladores de América quedaron sumamente conturbados ante la aparición de los europeos; debieron recurrir, entonces, a ancestrales oráculos y creencias para poder explicar este hecho. El hombre europeo, a su vez, quedó fascinado ante la realidad que estaba viendo en América; consideró, entonces, que había arribado a los lugares legendarios que conservaban en las antiguas tradiciones y mitos, así como en las narraciones de intrépidos marinos. Este choque cultural permitió la fusión de ambos continentes en el surgimiento de nuevos pueblos.

Me parece que la pasada efeméride del quinto centenario debió servirnos para realizar una profunda reflexión sobre nuestras identidades como pueblos y un ponderado análisis de lo que significó este encuentro de dos continentes. Sin panegirismos ni detracciones hemos de abundar, con serenidad y valentía, en nuestras raíces para reconocer todos los aspectos positivos y negativos de tal acontecimiento que, sin lugar a dudas, tuvo una importantísima repercusión no sólo en los pueblos iberoamericanos, sino en la historia de la humanidad.

No sería correcto ocultar las sombras ni escatimar la luz al momento de hablar sobre las pasadas cinco centurias. Creo que en nuestro continente, y por ende en nuestros respectivos países, aún queda mucho por hacer. Es hora de entender la realidad de nuestro mestizaje[46] y darnos cuenta de que todos tenemos algo que aportar

---

[46] No se podría entender lo que es América sin tener en cuenta su mestizaje. El mismo ha configurado no sólo la parte racial o biológica que es la más ostensible, sino también la religiosa,

en la edificación de ese modelo social y político ideal que anhelamos ante el desarrollo del nuevo milenio.

Este trabajo es una reflexión literaria sobre el indianismo antillano del siglo XIX y la repercusión que el mismo tuvo en el momento de forjar nuestras respectivas nacionalidades. Es tan sólo un mero ensayo de un proyecto que abarcaría la producción indigenista en las Antillas, lo cual nos ayudará a comprendernos mejor para mirar hacia el presente y proyectarnos al futuro de nuestros países.

ABORÍGENES ANTILLANOS

A su arribo a las Antillas, los conquistadores españoles encontraron una abigarrada población aborigen, producto de sucesivas oleadas migratorias, luchas, conquistas, convivencias y mezclas. En Santo Domingo habitaban, entonces, macorixes, ciguayos y taínos; en Cuba siboneyes, guanahatebeyes y taínos; mientras que en Puerto Rico iñeris y taínos; también en las Antillas menores, caribes. Los estudiosos han indicado que esta población aborigen es el producto de cuatro períodos migratorios: primero siboneyes, segundo iñeris, tercero arahuacos y cuarto caribes.[47]

Las cifras sobre el número de habitantes en estas tres Antillas se han manipulado para obtener resultados extrahistóricos. De los millones que indicara el fraile dominico, sabemos que el Padre las Casas exageró la cantidad porque esto iba en consonancia con el fin apologético que perseguía, sostienen los investigadores que no llegaban a un cuarto de millón.[48] En la actualidad aún viven en las

---

la afectiva, la política, la filosófica, la cultural..., en fin, todos los elementos de la vida americana. Podemos entender este proceso simbiótico aplicándole a Hispanoamérica lo que dice Arrom de México: "En ese ambiente de fusiones de sangres, de conceptos y de credos nacen, crecen y forman su cosmovisión los criollos de esa región. Y el recio idioma de sus antecesores se hace dúctil, adquiere luminosidad y cortesanía, y asimila voces cotidianas de procedencia indígena. Y la antigua dieta de los conquistadores se hace más amplia y variada... Y obra de artesanos nativos son las prendas con que se adornan, los muebles en que se sientan, las charolas en que les sirven. Y hay elementos del folklore indígena en las fábulas y consejas que le cuenta al niño la nodriza india, y entonación indígena en la voz que canta en la lejanía. Todos esos y otros factores determinan que en la cosmovisión hispánica de los mexicanos y centroamericanos se mezcle, desde abajo y muy tenuemente, la de los pueblos nahuas de la meseta y los pueblos mayas de Yucatán, Guatemala, Honduras y Nicaragua [...]" Juan José Arrom. "Hispanoamérica: su cultura". *Certidumbre de América* (Editorial Gredos: Madrid, 1971) 219. Véanse, además: "Criollo: definición y matices", 11-26; "La Virgen del Cobre", 184-214.
[47] Jacinto Gimbernard. *Historia de Santo Domingo* (Editorial Cultural Dominicana: Santo Domingo, 1976) 13-20; Manuel Álvarez Nazario. *El influjo indígena en el español de Puerto Rico* (Editorial Universitaria: Río Piedras, 1977) 17-29. Leví Marrero. *Cuba: Economía y Sociedad* I (Editorial San Juan: Río Piedras, 1972) 51-55.
[48] Fray Bartolomé de las Casas. *Brevísima relación de la destrucción de las Indias* (Eudeba: Buenos Aires, 1966) 33-48. No olvidemos que este opúsculo se escribió con fines apologéticos y que el

Antillas menores descendientes directos de estos primitivos pobladores, pero en las mayores desaparecieron debido principalmente a las guerras, las enfermedades traídas por los europeos, los trabajos excesivos a que fueron sometidos y, en particular, a la fusión racial. Esta población aborigen constituye la raíz primigenia de los pueblos antillanos y su presencia se palpa todavía no sólo en determinados aspectos de la fisonomía, ciertos rasgos de pronunciación, vocabulario y costumbres, sino arraigada en la esencialidad de nuestros pueblos.

En las Antillas de habla hispana se desarrolló durante el siglo XIX un movimiento indigenista que resulta pertinente replantearlo ahora, quinientos años después de la colonización europea. Me ceñiré, para efectos de este trabajo, a tres autores: José Fornaris de Cuba, Manuel de Jesús Galván en Santo Domingo y Alejandro Tapia y Rivera de Puerto Rico

EL INDIANISMO HISPANOAMERICANO

Los criollos, identificados con su tierra y su gente, cobraron conciencia de su realidad social y ontológica; a su vez, el movimiento romántico, tanto en su vertiente política como literaria, les sirvió de cauce para ello. Por esta razón, se puede afirmar que el romanticismo hispanoamericano encontró en el indio un motivo de autoctonía literaria y rebeldía política.[49] Según explica Concha Meléndez:

> La novela indianista, pues, como toda la literatura romántica de tema indígena, tuvo como esencial estímulo la pasión nacionalista dominante en el romanticismo europeo, más intensa entre nosotros, donde pueblos recién emancipados buscaban expresarse por las vías que les trazó la nueva escuela.[50]

---

mismo consiguió de la Corona las "Leyes Nuevas" del año 1542-1543, en las cuales se hacen importantes reformas en las Indias. Ángel Rosemblat realiza un estudio demográfico de estas islas, el cual arroja que en La Española había 100,000 indios, 80,000 en Cuba y 50,000 en Puerto Rico, lo cual da un total de 230,000 habitantes aproximadamente. *La población indígena (1492-1950)* (Editorial Nova: Buenos Aires, 1954) 11-15, 96-121, 278-320.

[49] Existe una coincidencia sincrónica entre la independencia política de los pueblos hispanoamericanos y la independencia cultural. Como bien dice Emilio Carilla: "El romanticismo triunfó en estas regiones como una consecuencia inmediata de la independencia política." *El romanticismo en la América hispánica* I (Editorial Gredos: Madrid, 1967) 42. Véanse, además, 158-166. A su vez, Anita Arroyo afirma que: "El indio americano es el símbolo del sojuzgamiento de la Libertad. Como tal se le ha tenido siempre [...] Todos los países nuestros buscan afirmarse en lo indígena." *América en su literatura* (Editorial Universitaria: Río Piedras, 1967) 489-490.

[50] Concha Meléndez. *La novela indianista en Hispanoamérica (1832-1889)* (Editorial Cordillera: San Juan, 1970) 12.

Los románticos criollos se valieron de este indianismo para desarrollar una forma propia de expresión que, en el fondo, constituía una afirmación de su identidad;[51] también para describir la crueldad de la metrópoli, pues como el continente aún estaba enfrascado en lograr su independencia o en afianzar la misma,[52] el mejor testimonio era mostrar la etapa en que el indio se enfrentaba al conquistador español. Pedro Henríquez Ureña considera este hecho el momento más patético de nuestro devenir histórico.[53]

No podemos perder de vista que el separatismo político colonial lo realizó una clase social que se sentía unida culturalmente a España,[54] no al indio y menos aún al negro esclavo. El propio Bolívar enfatiza que el pilar cultural que vincula a los pueblos hispanoamericanos es la lengua heredada de España, aunque los pilares políticos del continente: la independencia y la libertad los separe de la metrópoli.[55]

Esta misma clase es la que crea la literatura y descubre en el aborigen el exotismo romántico que paradigmaban algunos autores como Rousseau y Chateaubriand.[56] El indianismo no es anti-blanco, busca al indio en el pasado y lo enmarca en el paisaje agreste, lo idealiza y, a la vez, le sirve para subrayar las crueldades de la conquista y los errores del gobierno español en América, no de la cultura española.[57] Es curioso que en la América sajona y

---

[51] El romanticismo mueve a los escritores hispanoamericanos a plantearse el problema de una cultura original latinoamericana, a crear sus propias culturas nacionales, por ello inician una serie de autoanálisis históricos y sociales de la realidad de sus respectivos países, como el de Sarmiento en Argentina o Saco en Cuba. Véase, Leopoldo Zea. *La filosofía americana como filosofía sin más* (Siglo XXI: México, 1978) 20. Jean Franco. *Historia de la literatura hispanoamericana* (Editorial Ariel: Barcelona, 1985) 96. José Luis Martínez. "Unidad y diversidad", *América Latina en su literatura* (Siglo XXI: México, 1978) 74.

[52] El indio se transforma en motivo patriótico y cala tan profundamente "[...] que de alegoría poética se convirtió en programa político de aquellos revolucionarios que después de 1814 soñaron con la restauración del trono de los Incas como una de las posibles formas de gobierno." C. Meléndez, *op. cit.*, 70.

[53] Pedro Henríquez Ureña. *Las corrientes literarias en la América hispánica* (Fondo de Cultura Económica: México, 1964) 130.

[54] Como indica José Luis Gómez-Martínez: "Sólo la minoría blanca participó con plena conciencia en las luchas Independentistas [...]", y al momento de lograr la emancipación, la cultura de esta clase era fundamentalmente europea. "Pensamiento hispanoamericano del siglo XIX". *Historia de la literatura hispanoamericana: Del Neoclasicismo al Modernismo* II (Ediciones Cátedra: Madrid, 1987) 401.

[55] Miguel Rojas Mix. "La cultura hispanoamericana del siglo XIX". *Historia de la literatura hispanoamericana, op. cit.*, 60-61.

[56] *Ibid.*, 62; E. Carilla, *op. cit.*, II, 72-75; C. Meléndez, *op. cit.*, 42-44, 49-57.

[57] M. Rojas, *op. cit.*, 70-71; E. Carilla, *op. cit.*, II, 69-70. Un caso muy interesante dentro del indianismo puertorriqueño es el de Daniel Rivera Jiménez, quien en 1852 publica un largo poema titulado "Agüeynaba y Ponce de León o El jardín de Agüeynaba". Dos años más tarde aparece "Agüeynaba el Bravo" en el semanario *El Ponceño*, y en este poema el cacique pedía que los españoles se fueran de Puerto Rico, lo cual le valió que la censura clausurara y confiscara el

portuguesa esta corriente aborigen no presente una combatividad política, sino simplemente una exaltación romántica.

Resulta muy importante destacar que esta mitificación del buen salvaje les impidió a los escritores criollos ver -o tal vez no quisieron hacerlo- las realidades del indio o del negro esclavo. Concha Meléndez lo advierte: "Los autores románticos que introdujeron al indio en sus obras, lo presentaron siempre como espectáculo, sin rozar siquiera sus problemas sociales."[58] Más perspicaz resulta la observación de Pedro Henríquez Ureña, de que al "indio vivo" no se le consideraba poético.[59] No será hasta el siglo XX, con la llamada literatura indigenista, que los escritores se interesen por el indio contemporáneo y su reivindicación social, también que se diferencie al indígena de su amo explotador, mediante un enfrentamiento indo-hispánico. Pero la corriente indianista decimonónica cargada de elementos políticos se desarrolla durante los años en que los criollos buscan consolidar las repúblicas nacientes; asimismo, podríamos decir que culmina casi a fines del XIX en un movimiento prácticamente uniforme de carácter continental.

En las Antillas el indio había virtualmente desaparecido, lo cual contribuye a la mitificación de los primitivos pobladores.[60] También es interesante señalar que esta corriente no se desarrolla con idéntica intensidad en las tres Antillas hispánicas. En la década de 1930 los puertorriqueños Tomás Blanco y Antonio S. Pedreira todavía afirmaban que la aportación taína a la cultura insular era nula; mientras en Cuba, Fernando Ortiz sostenía que los chinos habían aportado más que los taínos a la cultura cubana.[61] Sin embargo, estudios científicos y literarios demuestran que en nuestros pueblos la herencia taína resulta ser mayor de lo que se creía. Entre éstos merece destacarse el del doctor Juan Martínez Cruzado quien lo corrobora mediante el estudio del DNA mitocondrial (mtDNA). Explica este investigador puertorriqueño que: "El DNA de los mitocondrios se transmite de generación en generación únicamente

---

periódico y el poeta fuera al destierro. Muchos años después se descubrieron quince octavas reales que constituían el final del poema y las mismas lo convierten, en palabras de Cesáreo Rosa Nieves, en "[...] un elogio azucarado a la monarquía española". *Historia panorámica de la literatura puertorriqueña (1589-1959)* I (Editorial Campos: San Juan, 1963) 257-263.

[58] C. Meléndez, *op. cit.*, 200.

[59] P. Henríquez Ureña, *op. cit.*, 148.

[60] A. Arroyo, *op. cit.*, 489.

[61] Antonio S. Pedreira. *Insularismo* (Biblioteca de Autores Puertorriqueños: San Juan, 1957) 22, 28, 31; Tomás Blanco. *Prontuario histórico de Puerto Rico* (Biblioteca de Autores Puertorriqueños: San Juan, 1943) 13-15; Fernando Ortiz. *La música afrocubana* (Ediciones Júcar: Madrid, 1975) 137, 138.

a través de las madres por lo que permite rastrear la contribución de diversas razas a una población mestiza, como la de Puerto Rico, por la vía materna." [62] Santo Domingo, por el contrario, debido a su realidad político-social, ofrece una literatura de tema indígena que persiste a lo largo del XIX y se proyecta en el XX.[63] Bernardo Vega advierte que lo indígena no debe exagerarse en la cultura dominicana. "Lo que sí es justo apuntalar, sin embargo, es lo sorprendente de la persistencia de ciertas herencias culturales indígenas, a pesar de lo breve del período de contacto."[64] Según se puede apreciar, no podemos desvincular en todo este proceso la situación política y social de estas tres islas.

SIBONEÍSMO CUBANO

José Fornaris es el poeta cubano que inicia una tendencia poética denominada siboneísmo -también se le ha llamado ciboneísmo, ciboneyismo, siboneyismo...-, la cual resalta la vida de estos aborígenes y su lucha contra los invasores caribes. Max Henríquez Ureña la define: "Una manifestación de la tendencia indianista, que para entonces estaba difundida en la América española como una rama del americanismo literario".[65] En el fondo, el origen de este movimiento reside en la preocupación romántica de autoctonía literaria, que en ese tiempo se entendía como el empleo de temas nacionales. No perdamos de vista, además, que en las corrientes literarias hispanoamericanas, el primer paso de afirmación continental fue el tratar temas americanos.

Antes de Fornaris aparecen antecedentes de una literatura indianista, pero con él adquiere organización y cuaja en forma más o menos coherente, sobre todo con la publicación de su libro *Cantos del siboney* en el año 1855 y la aparición de la revista *La Piragua*, fundada conjuntamente con el también poeta Joaquín Lorenzo Luaces. Ésta última se convirtió en portavoz de la modalidad aborigen. Los poetas indigenistas cantaron en forma nostálgica el pasado de los primitivos habitantes de Cuba, ya desaparecidos.[66]

---

[62] *La Gaceta Colegial* (Universidad de Puerto Rico, Recinto Universitario de Mayagüez, Año I, Núm. 14) 1.
[63] C. Meléndez, *op. cit.*, 123.
[64] Bernardo Vega. "La herencia indígena en la cultura dominicana de hoy", *Ensayos sobre cultura dominicana* (Museo del Hombre Dominicano: Santo Domingo, 1996) 12.
[65] Max Henríquez Ureña. *Panorama histórico de la literatura cubana* I (Ediciones Mirador: San Juan, 1963) 174.
[66] *Ibid.*, 174-175.

Su obra, al igual que la de sus seguidores, ha sido muy duramente criticada con los siguientes calificativos: lánguida, incorrecta, sin base lingüística, falta de gusto, sin fundamento antropológico...[67] Ciertamente el ambiente indígena es muy superficial, pues se reduce a los topónimos indígenas de Cuba, a utensilios del diario vivir y a explicar el significado de ciertas palabras taínas; sin embargo, muestra un desconocimiento de ese mundo que describe[68] Debido a esto, Arrom indica que esta corriente lírica pretendía resucitar: "[...] algunos de aquellos pintorescos héroes románticos, disfrazados de indios, que estuvieron de moda en el siglo pasado [... Se escribieron] largas tiradas de versos prosaicos, plagados de voces indígenas, y de una muchedumbre de falsos personajes, verbosos, gesticulantes, que tenían poco que ver con las ideas o los sentimientos de los primitivos moradores de las Antillas."[69]

Para ilustrar lo anterior, como ejemplo, en el poema "La hamaca", se recrea a dos enamorados en la placidez del lugar y el amado le pide a su amada que lo acompañe tranquilamente, meciéndose en este rústico mobiliario aborigen:

Ven a mi móvil lecho,
recuéstate a mi pecho;
aquí bajo la sombra
del índico jagüey
y al son del aire amigo
colúmpiate conmigo,

Cantando las baladas
del pueblo siboney (414).

Realmente lo único que tiene de aborigen esta composición son los vocablos *hamaca* y *siboney*.   Lo mismo sucede con   la

---

[67] A Fornaris le dolió esta crítica adversa, pero reconoce que también le ayudó a popularizar sus versos.   Dice al respecto: "Una crítica tan dura como sistemática contribuyó   no poco a su popularidad [habla de sus versos].   Es casi seguro que sin este rencor persistente no hubiesen tenido tantas ediciones los *Cantos del Siboney*. Suele ser el odio injusto como el agua del torrente que a menudo da vida, y aun corona de flores a los árboles que pretende derribar." José Fornaris. *Poesías* (Imprenta La Universal: La Habana, 1888) 10. En adelante citaré por esta edición en el texto.
[68] Por ejemplo, en la obra de Fornaris véanse las páginas 401, 424, 426, 438, 442,44. Entre otras, define *semí* o *cemí* "un sacerdote de segundo orden", cuando en realidad son ídolos de divinidades inferiores; también llama *Turia* en vez de *Tuyra* al dios del mal.   Véanse: Esteban Pichardo. *Diccionario provincial casi razonado de voces y frases cubanas* (Editorial de Ciencias Sociales: La Habana, 1976); Luis Hernández Aquino. *Diccionario de voces indígenas de Puerto Rico* (Editorial Cultural: Río Piedras, 2002).
[69] J.J. Arrom, *op. cit.* 59.

canción "La canoa" (445-446) en la cual la voz poética desea que su amor, Naya, lo acompañe en un paseo en canoa. De nuevo sólo tiene de aborigen el título y el nombre de la amada. Sin esto, sería un poema amoroso propio de cualquier lugar.[70] La geografía resulta lo más valioso en la valoración autóctona, ya que describe la floresta cubana. En síntesis se recrea un mundo idílico habitado por amantes siboneyes, el cual es perturbado por los feroces caribes que devastan la tierra y raptan a sus amadas.

El problema reside en que lo siguieron numerosos poetas de escasa trascendencia y, en el caso concreto de su iniciador, como indica Max Henríquez Ureña, su poesía "[...] se resiente a cada momento de vaciedad y descuidos, porque el gran enemigo de Fornaris era el demonio de la facilidad".[71] Menéndez y Pelayo, desde la perspectiva española, catalogó esta corriente de absurda, porque pretendía crear una poesía nacional. Para otros su mediocridad lírica los llevó al artificio poético.[72]

Sin embargo, el público acogió con gran entusiasmo los *Cantos del siboney* y se identificó de tal manera con la obra que ésta se convirtió en un símbolo para los cubanos, lo cual le ganó que se hiciesen cinco ediciones sucesivas, un caso insólito en ese tiempo. El pueblo proyectó en estos siboneyes poéticos la personificación de la anhelada libertad política, pues según explica Fornaris: "[...] se veía en ellos un símbolo en el que los indios siboneyes representaban a los cubanos oprimidos, y los indios caribes a los injustos opresores" (9).

Ante la grave situación política por la que atravesaba la Cuba de ese tiempo, el pueblo asoció al siboney con el cubano y al caribe con el español. De esta manera se dramatizó el momento que se vivía. Lo más probable es que el autor no tuviera plena conciencia de esto mientras escribía su poemario, pero fue una feliz casualidad de trascendencia política y afirmación criolla. Bajo esta forma poética, los cubanos encontraron una manera de canalizar sus

---

[70] Otros poemas por el estilo son "La muerte de Doreya" (441-442), "Las dos palmas" (427-429). Éste último se inspira en dos palmas unidas por la raíz, lo cual es muy común, y él se imagina que en cada una de ellas están enterrados amantes aborígenes.

[71] M. Henríquez Ureña, *op. cit.*, 175. Raimundo Lazo, a su vez, indica que el caso de Fornaris: "[...] es una desviación más lamentable de lo directa y sustancialmente vital que debe integrar todo romanticismo genuino. Con facilidad y siempre insatisfechos afanes de versificar, creó con escasa imaginación un inexistente pasado siboney, con sentimentales indios e indias de su invención en cuadros profusamente adornados con recursos tomados de la fauna, y de la flora cubana, cuyos nombres son para él fuentes de rimas prefabricadas." *El Romanticismo: Lo romántico en la lírica hispano-americana del siglo XVI a 1970* (Editorial Porrúa: México, 1979) 91.

[72] Juan J. Remos. *Historia de la literatura cubana* II (La Habana: Cárdenas y Compañía, 1945) 276.

ansias de libertad y de reformas sociales. En la introducción a sus *Poesías*, explica el autor que: "Sólo bajo una forma simbólica hubiese podido el poeta expresar su amor a la patria y protestar contra el modo injusto e insolente de regirla" (9). Advierte que: "Era la poesía el único grito de indignación que resonaba entonces, y cuyos pintorescos matices podían únicamente burlar la vigilancia siempre alerta de los censores" (9). Pero realmente la imaginación popular le atribuyó el simbolismo que años más tarde en el 1888, Fornaris explica en la introducción a la compilación de sus versos en el poemario *Poesías*.

Por ejemplo, el poema "El cacique de Camagüey" primer canto que escribiera en Bayamo el año 1850, constituye una expresión amorosa de un amante desdeñado, en este caso el Cacique, quien llama "cubana mía" a su amada. El poema concluye con una petición del desafortunado cacique que lo mate con sus propias armas antes de despreciarlo:

> Mas si me miras con ceño adusto,
> si me aborreces, si me desechas,
> prepara el arco, toma mis flechas,
> mata al Cacique de Camagüey (418).

En ningún momento se menciona el nombre de la amada, sin embargo, luego de la interpretación popular que recibió, comprendemos que busca adecuar la exégesis de sus lectores con el poema. Explica el autor: "Así en la canción titulada *El Cacique de Camagüey* se representaba a España en Yarina y a Cuba en el Cacique. Ésta trata de atraerse a aquélla con amor encarecido, pero dudando del éxito [...]" (10), entonces reproduce los versos que cité anteriormente. Es bueno advertir que unas veces la amada representa a España como en este caso y en otras a Cuba, según fuera la interpretación que el público le atribuyera. Simplemente es un poema amoroso y nada más, que tuvo la feliz circunstancia de que los lectores se identificaron con él, dándole una interpretación personal.

Situación semejante sucede con el poema "Ana Luisa" (453-462), donde presenta a dos amantes, el "cubano-siboney" Yarayó y Ana Luisa,

> Una virgen bella y pura.
> Llamada por su hermosura
> flor del pueblo bayamés.

Pero se interpone entre ellos un caribe "insolente",

> Tan pérfido como injusto:
> torvo mirar, ceño adusto,
> y alma insensible y feroz.

Ana Luisa lo maldice por inmiscuirse en sus amores y consigue escapar con Yarayó al mundo idílico de los amados, donde:

> [...] dichosos vivían
> soñando amor y venturas.

Pero el caribe reaparece para vengar el despecho amoroso de Ana Luisa y mata a ambos amantes. El pueblo interpretó con esta sencilla y manida historia amorosa que el caribe (España) mató a Ana Luisa (Cuba) y a Yarayó (los cubanos). Fornaris lo explica de la siguiente forma: "En la leyenda *Ana Luisa*, por ejemplo, la heroína era Cuba, virgen de extraordinaria hermosura, perseguida y martirizada a causa de sus encantos, y el caribe el gobierno que la ceñía de espinas y la condenaba al suplicio" (10).

Resulta muy curioso el hecho de que los censores, tan atentos siempre a los más nimios detalles y que encontraban alusiones revolucionarias donde no existían, no intuyeran o descubrieran el posible simbolismo político y nacional que el pueblo podría atribuirle a estos versos.

Las autoridades tenían vigilado a Fornaris bajo sospechas políticas e incluso, en 1852, fue encarcelado durante cinco meses junto a Carlos Manuel de Céspedes, quien posteriormente en el año 1868 iniciaría la Guerra de los Diez Años con el Grito de Yara.[73] El gobierno lo recriminó por cantarles a los indios, alegando que en Cuba todos eran españoles. El propio Fornaris refiere que el General José de la Concha le ordenó ir a palacio y le dijo: "Lo he mandado llamar a Ud. Para advertirle que si desea continuar escribiendo sobre siboneyes vaya a hacerlo a los Estados Unidos. Aquí somos españoles y no indios; ¿está Ud.? todos españoles (11). Sin embargo, no lo persiguieron por esto, según lo testimonian las cinco ediciones de su libro. Al estallar la mencionada guerra del 68, el poeta se marcha a Europa y no regresará a la Isla hasta después de finalizada la lucha.

Dos años antes de morir publicó todos sus poemas bajo el título de *Poesías*; en la introducción justificó lo que significaba el siboneísmo y se defendió de los señalamientos que le habían hecho.

---

[73] J. Remos, *op. cit.*, 279. Instituto de Literatura y Lingüística de la Academia de Ciencias de Cuba. *Diccionario de la Literatura Cubana* I (Editorial Letras de Cuba: La Habana, 1980) 351-353.

Pero de toda su defensa me interesa destacar tan sólo un aspecto, pues este autor, a pesar de su separatismo y amor por los primitivos aborígenes de Cuba, se siente más vinculado a España que a éstos:

> Bien sé yo que los cubanos descendemos por línea directa de los españoles, que su raza es la nuestra, que es suyo nuestro idioma, suya nuestra religión, suyas nuestras tradiciones, suyas nuestras virtudes, suyos nuestros vicios, que somos, según la expresión bíblica, sangre de su sangre y hueso de sus huesos [...] pero ¿cómo negar que por la naturaleza somos hermanos de los antiguos habitantes de Cuba? El mismo pedazo de terreno que los sustentó nos sustenta; el mismo sol que los alumbró nos alumbra, y respiramos el mismo ambiente que respiraron ellos (12).[74]

Con los siboneyes tan sólo tiene en común la naturaleza, mientras que con los españoles existen vínculos más estrechos: raza, idioma, religión... lo cual también le ha valido la crítica de algunos escritores cubanos. Por ejemplo, Fernando Ortiz lo acusa de dolerse de los sufrimientos del indio, pero olvidarse del esclavo; Manuel Moreno Fraginals, a su vez, indica que esta tendencia literaria se crea para ocultar sentimientos anexionistas y esclavistas.[75] Salvador Bueno abunda más sobre esto último:

> Nuestros poetas fijaban su atención en los indios, que prácticamente habían desaparecido de la vida cubana dos siglos atrás. Sin embargo, no ponían su atención en el negro esclavo, que sufría y gemía entre ellos. Su protesta frente a la realidad colonial se escapaba un tanto cuando iban en busca del siboney, mientras que tenían en su contorno a los negros esclavos, que representaban el régimen social y económico sobre el cual se apoyaba la sociedad colonial.[76]

En el fondo prevalece la visión del mundo de la clase social a la que pertenece -muchos de estos criollos eran descendientes de españoles, en el caso concreto de Fornaris sus abuelos eran peninsulares-, la cual controla la producción azucarera y posee el dominio económico y político. Se opone al despotismo político de la Metrópoli, pero no a su desvinculación con lo español. Me parece que el mérito de esta corriente poética reside en la gran aceptación

---

[74] Recalca, además, su vínculo familiar a España: "Y aquí me parece oportuno advertir que el autor de los *Cantos del Siboney* no ha visto nunca como enemigo a los españoles por ser españoles. Españoles fueron sus abuelos maternos, descendientes de los Luque, que vinieron a la conquista de las Américas, y español de pura raza es la persona a quien va dedicado este libro, y a quien está íntimamente ligado por los lazos de la familia y del cariño." 10.
[75] Citado en *Diccionario de la literatura cubana, op. cit.*, II 967.
[76] Salvador Bueno. *Historia de la literatura cubana* (Editora del Ministerio de Educación: La Habana, 1963) 218-219.

que tuvo en el pueblo debido al simbolismo político que descubrió en los versos siboneístas, al punto de que se le pusieron música a muchos poemas y se cantaban en todas partes. En este sentido, resulta una poesía de tendencia nacionalista que contribuye a una afirmación de cubanía literaria.

EL ENRIQUILLO DE MANUEL DE JESÚS GALVÁN

Los escritores dominicanos son los antillanos que han cultivado con mayor asiduidad la literatura de tema indígena, tanto es así que esta corriente todavía persiste en Santo Domingo.[77] Esto obedece, entre otras razones, a los estrechos vínculos de la literatura con los avatares histórico políticos de este país.

Santo Domingo logró su independencia de España en el año 1821 sin librar una cruenta lucha armada, lo cual permitió unas relaciones, hasta cierto punto, cordiales con la antigua metrópoli sin que aflorara el sentimiento anti-español. Pero luego de dos meses de la "independencia efímera" -como la califican los historiadores- las tropas haitianas invaden y ocupan el país durante dos décadas. Una vez librados del poder haitiano, muchos dominicanos ven la salvación de la Isla en una nueva anexión a España como un medio de conjurar el peligro que significaba Haití.[78]

Según Max Henríquez Ureña, la literatura indianista en Santo Domingo, aunque tiene antecedentes desde la época colonial, se inicia después del año 1861 y alcanza su esplendor de 1870 a 1890, precisamente en el período en que los dominicanos luchan contra España para obtener su independencia y, luego, consolidar la misma.[79] De hecho, la Guerra de la Restauración Nacional culmina en el 1865 con el triunfo de la República. Entonces el indio sirvió de símbolo y aliento del patriotismo frente al dominio español y representó un pretexto para exaltar y fundamentar la conciencia nacional.

Una de las obras cumbres de la corriente indianista, no sólo dominicana sino a nivel continental, es la novela *Enriquillo* de Manuel de Jesús Galván, de la cual se publicó la primera parte en el año 1879 e íntegramente en 1882. Es la primera gran novela dominicana y constituye, no cabe la menor duda, una de las mejores de su

---

[77] Concha Meléndez indica que: "Ningún país hispanoamericano ofrece una tradición de literatura indianista más continuada que Santo Domingo." *Op. cit.*, 123.

[78] El anti-haitianismo ha sido una constante en la historia de la República Dominicana. Los políticos han recurrido al mismo en determinadas circunstancias socio-políticas para sacar partido. Ejemplo de esto fueron las elecciones de 1994.

[79] M. Henríquez Ureña, *op. cit.*, 279-280.

género, no sólo por la estructura del relato, sino por el impecable estilo del autor.[80] La misma ha merecido el elogio de figuras cimeras de nuestra América, entre quienes se encuentra el cubano José Martí, quien el 19 de septiembre de 1884 le escribe a Galván: "Pienso publicar los méritos del libro [...] Leyenda histórica no es; sino novísima y encantadora manera de escribir nuestra historia americana [...] ¿Cómo ha hecho V. para reunir en un solo libro novela, poema e historia?".[81]

Considero que es muy importante desentrañar la ideología que subyace en la obra, para comprender el papel que ha jugado en la formulación de un mito nacional, ya que la misma contribuye a fortalecer la identidad nacional dominicana.[82] Galván intervino en la reanexión de Santo Domingo a España y sirvió como funcionario en la administración española desde 1861 a 1865, también la defendió con numerosos artículos periodísticos. Una vez arriado el pabellón español, viene a Puerto Rico donde trabaja para el gobierno peninsular. Posteriormente, con otros dominicanos, sirve como ministro plenipotenciario ante el gobierno haitiano para suscribir un acuerdo que diera fin a una disputa entre ambos países por límites territoriales. Estos hechos hacen comprensible su visión del mundo: de hispanófilo y anti-haitiano, lo cual influye en la poca valorización que le otorga a la negritud en la cultura dominicana.

Es muy significativo el que esta novela de tema indígena sea una apología a la colonización española en América; ya que en ella, el indio resulta un pretexto para la exaltación de lo hispánico, contrario a lo que ocurre en los textos indianistas que afirman lo americano frente a lo europeo. Galván presenta una sociedad armónica regida por principios cristianos y leyes justas, pero las ambiciones y excesos de algunos funcionarios tronchan la armonía existente. Enriquillo protesta de esto con las armas, otros como el Padre las Casas lo hacen por vía jurídica, finalmente se restituye la

---

[80] Joaquín Balaguer la califica como "una de las mejores obras de la literatura de lengua castellana", no sólo por su estilo, sino también por el ambiente que logra describir: "En esa pintura patética de la tragedia del indio reside uno de los toque más punzantes de *Enriquillo*, quizás la más realista y al propio tiempo la más conmovedora de cuantas obras se han escrito en América, inspiradas por el infortunio de la raza aborigen." *Historia de la literatura dominicana* (Gráfica Guadalupe: República de la Argentina, 1972) 192, 193. Bruno Rosario Candelier, a su vez, la considera "la mejor novela de la corriente indigenista en toda Hispanoamérica" y "la mejor novela del siglo XIX". *Tendencias de la novela dominicana* (Pontificia Universidad Católica Madre y Maestra: Santiago, República Dominicana, 1988) 137, 189.
[81] Manuel de Jesús Galván. *Enriquillo* (Editorial Porrúa: México, 1976) 5. En adelante citaré por esta edición en el texto.
[82] Doris Sommer. "La ficción fundacional de Galván y las revisiones populistas de Bosh y Marrero Aristy". *Revista Iberoamericana*, 142 (enero-marzo 1988) 101-108.

tranquilidad en la Isla con funcionarios probos.

Este hecho se noveliza con el contraste entre el indio rebelde Tamayo y Enriquillo. Aquél le advierte al cacique: "-Pues yo te digo [...] que abusarán de ti hasta más no poder, buscarás esa justicia que dices, y no la encontrarás" (245). Tras la infructuosa lucha para que se le haga justicia, Enriquillo les declara a los frailes dominicos y franciscanos: "Tomo a Dios por testigo de mi paciencia. Sedlo vosotros, padres, de que me sobra razón para dejar de tenerla" (253). Lo que podría considerarse la tesis novelesca se resume muy bien en el diálogo que sostiene el Cacique dominicano con Hernando de San Miguel, el enviado del Obispo gobernador de La Española, don Sebastián Ramírez, para concertar la paz. Expone la voz narradora:

> Enriquillo habló poco y bien como acostumbraba. Dijo que él no aborrecía a los españoles, que amaba a muchos de ellos a quienes debía beneficios; pero que como los malos eran en mayor número y los más fuertes, él había debido fiar su libertad y su justicia a la suerte de las armas y a la fragosidad de aquella hospitalaria sierra, donde no había hecho cosa de que tuviera que arrepentirse (283).

Lo anterior inclina a Doris Sommer a calificarla de "novela maniquea".[83] El autor muy hábilmente resalta que tanto el descubrimiento como la conquista fueron una hazaña noble y digna de España, mientras que los males o excesos se debieron a hombres aislados, no al régimen. La novela concluye con una elogiosa alabanza a la Corona y al sistema lo cual destaco en el texto:

> Este fue el fin de la célebre rebelión de Enriquillo, que resistió victoriosa por más de trece años a la fuerza de las armas, a los ardides, a las tentadoras promesas. *La magnanimidad justiciera de un gran Monarca, la abnegación paciente de un honrado militar* fueron los únicos agentes eficaces para resolver aquella viril protesta del sufrido quisqueyano contra la arbitrariedad y la violencia [...] (286-287).

Bruno Rosario Candelier opina al respecto: "Si se lee con atención su novela se apreciará que hay, pese al indigenismo indiscutible de su obra, un apego por lo español, una defensa de lo

---

[83] D. Sommer, *op. cit.*, 114. Jean Franco, por su parte, indica: "El punto de vista de *Enriquillo* implica evidentemente una visión de la conquista teñida de catolicismo. Los cristianos ilustrados triunfan y finalmente contrarrestan los malos instintos de los que sólo piensan en explotar a los indios." *Op. cit.*, 98.

hispánico y una exaltación del blanco."[84]

Esta novela ha servido para fortalecer el mito nacional de que el dominicano es descendiente de españoles e indios, y niega cualquier relación con los negros africanos. Según refiere Doris Sommer:

> Ciertamente, uno de los objetivos de Galván en *Enriquillo* era negar los vínculos históricos entre su país mulato-negro y la tradición revolucionaria negra de Haití [...] Gracias a la leyenda que Galván ayudó a crear, los negros son considerados extranjeros, haitianos, y los dominicanos morenos están seguros de ser indios.
> [85]

Resulta muy curioso la total ausencia del negro en la obra, lo cual es muy probable debido a dos razones: el discrimen contra él y el temor a los haitianos.[86]

La escritora Vicenta Caamaño ha sido muy valiente al confesar que los manuales de historia dominicana "[...] tienden a hacernos sentir por lo general como descendientes culturales directos de España". Esto se debe a que la actitud "blanquizante" de las esferas del poder en la República ha negado u opacado la aportación negra. En el fondo es que entre los dominicanos se ha desarrollado, en sus palabras: "[...] un sentimiento anti-haitiano mucho más fuerte que el posible racismo". Ella se queja que los poetas románticos -en términos generales podría decirse lo mismo del romanticismo dominicano- "[...] rinden culto repetido e insistente al desaparecido indígena arahuaco [...]",[87] pero se olvidan del negro.

Existen numerosas leyendas en torno a la figura del Cacique del Baoruco que lo exaltan como mito nacional y, en gran medida, la obra del Padre Las Casas contribuyó a ello. Gonzalo Fernández de Oviedo, sin embargo, destaca otra visión, pues relata que Enriquillo se comprometió a capturar a cualquier esclavo cimarrón, negro o indio, para devolverlo a sus dueños.[88] Fray Cipriano de Utrera, en

---

[84] B. Rosario, *op. cit.*, 130.

[85] D. Sommer, *op. cit.* 114.

[86] Pedro Andrés Pérez Cabral sostiene que la población aborigen amerindia se extinguió prontamente en Santo Domingo, por lo que el mestizaje se da entre los blancos y los negros. Indica, asimismo, que la historia de este país oscila entre la haitianofobia y la blancofilia. La tesis central de su obra es que la única nación mulata del mundo es la República Dominicana. *La comunidad mulata: El caso socio-político de la República Dominicana* (Gráfica Americana: Caracas, 1967) 15-27, 43-69, 71-127, 157-184.

[87] Vicenta Caamaño de Fernández. *El negro en la poesía dominicana* (Centro de Estudios Avanzados de Puerto Rico y el Caribe: San Juan, 1989) 27, 37, 77.

[88] Gonzalo Fernández de Oviedo. *Historia general y natural de las Indias* I (Biblioteca de Autores Españoles: Madrid, 1959) 137. En esta misma obra, el libro 4to., cap. IV habla sobre la rebelión de los negros esclavos en la Española y el libro 5to., capítulos IV al IX sobre la de Enriquillo.

una apasionada obra sobre esta figura, sustenta documentalmente que no hubo ningunas capitulaciones entre el indio rebelde y la Corona, simplemente el cacique se acogió al perdón real. La tesis central de su libro es que Enriquillo, quien durante trece años vivió fuera de la ley atacando y matando a los españoles, era un simple delincuente que si se hubiese capturado hubiera muerto en el garrote vil. Para el historiador mercedario este cacique no constituye ningún paradigma, pues contrario a Guarionex que prefirió morir a entregar a Mayobanex, refugiado en sus dominios, traiciona a su raza. Según él: "La historia del alzamiento de Enriquillo, grata para ideologistas gregarios, no se puede escribir hiperbolizando, ni defenderse la conducta del indio en plano subjetivo lleno de fobia, al estilo de un Las Casas desmesurado y mendoso."[89]

Emilio Rodríguez Demorizi considera tan irrefutables las pruebas, que en el prólogo califica de "angustiosa" la publicación de esta obra, "[...] ya que en ella se presenta a la amada figura de Enriquillo desposeída de las poéticas galas de la leyenda y de los méritos y virtudes que le convirtieron en símbolo del pueblo dominicano, en el más venerado personaje de nuestra historia colonial". Sin embargo, este ilustre historiador dominicano está plenamente convencido de que este Cacique "[...] seguirá siendo, sin mengua, por encima de la a veces demoledora verdad histórica, el más alto representativo de la doliente raza de Quisqueya [...]", y al margen del personaje histórico se mantendrá incólume el Enriquillo descrito por Galván.[90]

Según atestiguan múltiples documentos, numerosos negros cimarrones se unieron a Enriquillo. El 4 de junio de 1532, la Corona nombró a Francisco Barrionuevo para que pusiera fin "pacífica o violentamente" el alzamiento de indios y esclavos. Éste sostuvo conversaciones con el Cacique Rebelde a mediados de 1533 en la isla del Comendador para concertar la paz. Enriquillo "[...] agradece el perdón real y, para evitar cualquier recelo acerca de sus buenas intenciones, se compromete a recorrer la isla en busca de indios y negros cimarrones. En prenda de lo dicho, entrega a Pedro Romero seis negros."[91] Carlos Esteban Deive explica que: Enriquillo asumió "[...] la vergonzosa tarea de perseguir a los negros alzados, a esos

---

[89] Fr. Cipriano de Utrera. *Polémica de Enriquillo* (Editora del Caribe: Santo Domingo, 1973) 221, 242-250, 259-263, 294-296, 315-320, 331-339, 357-371.
[90] C. de Utrera, *op. cit.,* 5-7.
[91] Carlos Esteban Deive. *Los guerrilleros negros* (Fundación Cultural Dominicana: Santo Domingo, República Dominicana, 1997) 29, 39, 41.

esclavos que precisamente habían peleado a su lado."[92]   En 1534 viaja a Santo Domingo para recibir una carta del Rey Carlos V: "Al agradecerle la distinción, el cacique le informó que había asegurado algunos negros cimarrones y que se disponía a someter ciertos indios a la obediencia real. Esos indios eran mandados por Tamayo, quien se negó a rendirse. Según la Audiencia, el propio Enriquillo solicitó autorización para que dos capitanes suyos pudiesen perseguirlo."[93] No obstante, la novela refiere otra versión: "Poco esfuerzo le costó a Enriquillo hacer que el rudo e indómito capitán Tamayo volviera al gremio de su obediencia. Le envió un mensaje con su sobrino Romero, y como que ya el rencoroso indio estaba harto de sangre y de venganza [...] Tamayo que de todo corazón amaba a Enriquillo y no podía conformarse con vivir lejos de él [...] en el acto se fue para allá con toda su gente [...]" (284).

El Cacique de Baoruco muere el 27 de septiembre de 1535 y conforme señala Carlos Esteban Deive: "Doce años más tarde, los negros cimarrones, que no habían olvidado la acción de Enriquillo contra ellos, se vengarían asaltando el poblado y pasando a cuchillo a casi todos sus habitantes. Los diez o quince indios que escaparon de la matanza se unirían a los españoles para capturar a esos negros *por ser diestros en los caminos y rastros de la tierra.*"[94]

La sociología nos indica que todas las naciones han recurrido a los mitos para fortalecer la conciencia nacional, lo cual explica que este Cacique haya trascendido la historia y se erigiera en un mito nacional dominicano, figura símbolo de la rebeldía aborigen, lo cual tiene gran importancia en el desarrollo político y cultural dominicano. Como explica Concha Meléndez: "La rebeldía del cacique Enriquillo alcanza, pues, para los dominicanos, la categoría de símbolo patriótico de renovada actualidad."[95] Sin embargo, algunos políticos y literatos lo que han pretendido con ello es escatimar la aportación negra a la vida nacional.

El *Enriquillo* marcó pautas en la narrativa histórica dominicana, de hecho en las letras de este país hay un considerable número de este tipo de novelas que tienden a imitarlo. Este afán por destacar los acontecimientos históricos persigue, en el fondo, lograr una reinterpretación de la gesta nacional, pero la misma debe ser justa con el negro y el indio, a fin de cuentas ambas no sólo fueron las

---

[92] *Ibid.*, 41
[93] *Ibid.*, 41.
[94] *Ibid.*, 42.
[95] C. Meléndez, *op. cit.*, 126.

razas sufridas, sino que además contribuyen a forjar la nacionalidad, tanto en Quisqueya como en toda la América.

ALEJANDRO TAPIA Y RIVERA

Alejandro Tapia y Rivera es una figura descollante en la cultura y las letras de Puerto Rico; ocupa un espacio muy importante en el quehacer literario, no sólo por su obra poligráfica, sino porque cimenta la participación criolla en el mismo. Entre otras primicias, es quien primero recurre al indígena como tema auctóctono de las letras insulares[96] con los romances legendarios "El último borincano" y "Las lágrimas de Loísa", también con el relato *La palma del cacique*.

El indianismo de Tapia no esconde racismo alguno, pues siempre se manifestó como antiesclavista y antirracista.[97] Es un reformista liberal que defendió, incluso, los derechos de la mujer y de los negros.[98] Aunque fue víctima de los censores y de las arbitrariedades del gobierno español,[99] no se debió a causas políticas, pues no era separatista,[100] sino al absolutismo gubernamental. El mal, según él, consistía en que los puertorriqueños no tenían los derechos adecuados, lo cual era consecuencia de unas leyes desacertadas y al arbitrario parecer de los gobernadores peninsulares.[101] Según José Luis González, la participación de Tapia en la vida política puertorriqueña "[...] fue incidental y se desenvolvió dentro del sector más moderado del reformismo insular, o sea, el asimilista."[102]

---

[96]Josefina Rivera de Álvarez. *Literatura puertorriqueña: Su proceso en el tiempo* (Ediciones Partenón: México, 1983) 148.

[97] Véase, Alejandro Tapia y Rivera. *Mis memorias o Puerto Rico como lo encontré y como lo dejo* (Ediciones Rumbos: Barcelona, 1968) 94-101, 146-147, 175. El tema central de su drama *La Cuarterona* es el racismo. Sobre esta obra dice José Luis González: "Tapia se manifiesta en contra de las diferencias raciales como criterio para juzgar los méritos de las personas, si bien no aborda el grave problema social en sus causas más profundas". *Literatura y sociedad en Puerto Rico* (Fondo de Cultura Económica: México, 1976) 114.

[98] Véase, A. Tapia, *op. cit.*, 92,103-105, 146-147; J. Rivera, *op. cit.*, 144. Tapia confiesa que está de parte de quienes sufren y se interesa por el progreso y la justicia, "[...] que siempre he amado como verdaderos y únicos ideales de la humanidad." 90.

[99]A. Tapia, *op.cit.*, 108-111, 154, 156-158. Véase, además, Roberto Fernández Valledor. "Censura, censores y *La Sataniada*", *La Revista del Centro de Estudios Avanzados de Puerto Rico y el Caribe*, Número18, enero-junio 1994, 69-76; Roberto Fernández Valledor. "Ideología y recursos novelescos en *Póstumo el transmigrado* de Tapia", *Revista Del Instituto de Cultura Puertorriqueña*, julio-diciembre 2002, 19-30.

[100] A. Tapia, *op. cit.* 84, 85, 86-88, 92, 103, 122-123, 173-174.

[101] *Ibid.*, 120-122, 133, 134-135.

[102] J. L. González, *op. cit.*,119. Para José Juan Beauchamp, Tapia "[...] no trascendió el liberalismo reformista y asimilista de este momento histórico en Puerto Rico, aunque jamás hizo migas con el incondicionalismo." Y lo califica de anti-separatista y anti-revolucionario. *Imagen del puertorriqueño en la novela* (Editorial Universitaria: Río Piedras, 1976) 7.

No podemos olvidar que desde fines del siglo XVIII y principios del XIX está consolidándose una burguesía criolla en toda América -y por ende en Puerto Rico- la cual busca afianzarse en el poder. Paulatinamente va adquiriendo los medios de producción y aspira a obtener la hegemonía política. La elite americana ocupaba gran parte de los cargos civiles, sin embargo, las altas esferas gubernamentales estaban en manos peninsulares, pues la mentalidad de entonces era que cualquier europeo, aun sin estudios, se consideraba superior a los criollos. Esta situación la sintetiza muy bien José Luis González con respecto a Puerto Rico al señalar:

> [...] es muy cierto que los opresores criollos han sido al mismo tiempo oprimidos por sus dominadores extranjeros. Eso precisamente es lo que explica que su producción cultural en el siglo pasado, en la medida en que expresaba su lucha contra la dominación española, fuese una producción cultural fundamentalmente progresista, dado el carácter retrógrado, en todos los órdenes, de esa dominación.[103]

La presión y cambios que los criollos logran, se consiguen cuando se articulan como clase y adquieren el poder político; así sucede en toda Hispanoamérica. Tapia se queja de los trabajos que debió pasar cuando su familia vino a menos: "Entonces comenzó para mí una vida de afanes y de lucha, en un país que aún ahora es falto de recursos para la juventud de la clase media, pues sólo el trabajo mecánico a que las preocupaciones de raza no se nos había dedicado, era lo único que como en todo país nuevo, podía dar alguna ocupación.[104]

Se explica, entonces, el enfrentamiento indio-español que aparece en la obra de Tapia. En el romance "El último borincano" establece una plena identificación de lo taíno con lo puertorriqueño. No es que Tapia se considere aborigen, ya que se declara "puertorriqueño-español",[105] sino que establece un enfrentamiento de poder. Los españoles se quedan con Puerto Rico porque muere "el más valiente cacique/ de la Tierra de Agüeybana", no obstante, en el Yunque residirá el espíritu de este último borincano:

> Al ver la cristiana grey,
> del cacique la arrogancia,

---

[103] José Luis González. *"El país de cuatro pisos" y otros ensayos* (Ediciones Huracán: Río Piedras, 1980) 18.
[104] A. Tapia, *op. cit.*, 180.
[105] *Ibid.*, 14, 123, 158-159, 165.

la incansable intrepidez
con que lidió por su patria
y que loco era su empeño;
dio por nombre a la comarca
el de Sierra del Loquillo
y ahora Luquillo se llama.[106]

Los amores de la cacica Loísa con el mulato Pedro Mexía, que terminan trágicamente cuando los caribes matan al español, los poetiza en el romance "Las lágrimas del Loísa". En esta composición lírica, se resalta la mezcla del blanco con el aborigen, también la cristianización y europeización de Puerto Rico bajo el símbolo del bautismo de la renombrada cacica, su nombre cristiano y su matrimonio con español:

Fue Ponce, el gobernador
por los reyes de Castilla,
patrono del maridaje
de la indiana con Mexía.
Tomó por nombre la indiana,
con la sal y agua benditas,
el de Luisa, mas cual noble
de prosapia distinguida
entre los indios, tomó,
según la ley que regía,
el don que honraba a hijosdalgo
y llamóse Doña Luisa (83-84).

En realidad ambos poemas convergen esencialmente con el conflicto del relato *La palma del cacique* y sintetizan las dos luchas de la leyenda: el triángulo amoroso Guarionex-Loarina-Sotomayor y la pugna entre indios y españoles.[107] En ambas vence el peninsular frente al "de aquí"; o sea, el taíno-puertorriqueño.

Guarionex es el cacique a quien le mueve su gran amor por Loarina y por su tierra puertorriqueña, amores que le disputan los invasores. Al verse impotente para luchar contra esta adversidad, se

---

[106] Alejandro Tapia y Rivera. *La palma del cacique* (Editorial Orión: México, 1964) 80-81. En adelante citaré por esta edición en el texto.
[107] Para Cesáreo Rosa-Nieves, *La palma del cacique* tiene dos asuntos: el conflicto amoroso entre Loarína, Sotomayor y Guarionex y el "aspecto político, que es la lucha entre españoles e indios por la posesión de Boriquén (Sotomayor y Ponce de León contra Guarionex y Agüeybaná)". *Op. cit.*, 395. Según José J. Beauchamp, Tapia "[...] pone especial interés en la rebelión indígena, pero el motivo central es la historia de amor entre la india Loarina y el español Cristóbal de Sotomayor y los celos del cacique Guarionex quien estaba enamorado de la india." *Op. cit.*, 11.

lamenta desilusionado antes de sucumbir:

> ¡Adiós, oh ceiba querida
> que coronas mi mansión;
> oh cabaña de mis padres,
> Guarionex te dice adiós,
> y al dejarte para siempre
> muerto lleva el corazón;
> adiós Borinquen preciosa,
> dulce, tierra de mi amor...
> sepúltala, oh mar inmenso!
> Adiós Borinquen, adiós (73-74).

Tapia describe a un indio sometido al español, quien lo sojuzga por la fuerza, y es tal su sufrimiento que considera preferible morir antes de continuar sometido. Esto se dramatiza elocuentemente con el trágico fin del cacique rebelde. Cuando los indios matan a Sotomayor, Loarina trata de suicidarse, pero Guarionex se lo impide. El Cacique le ruega que se case con él, ya que el cristiano estaba muerto, pero ella lo rechaza de nuevo (71). Al ver sometida su raza y ante la imposibilidad por lograr el amor de su amada, Guarionex se suicida, porque no le encuentra sentido a su existencia (71-74). Estamos, pues, ante un indio borincano que ha perdido el dominio de su tierra, ha visto a su gente sometida y no ha logrado el amor de su vida, todo esto como resultado de la interferencia extranjera.

Como he indicado, Tapia no es separatista, pero deja constancia de las arbitrariedades del poder y las luchas de los criollos por lograr un espacio en el gobierno antillano. Su obra constituye un testimonio de las aspiraciones de las clases media y alta por conseguir una participación directiva en el gobierno de sus respectivos países en Hispanoamérica.

PALABRAS FINALES

El indianismo literario, sin duda alguna, fue un adelanto en la fundamentación de las identidades nacionales no sólo antillanas, sino hispanoamericanas. Como vimos en los ejemplos estudiados, dos elementos sociales pugnan en este indianismo decimonónico antillano: el racial y el de articulación social, ya que en el fondo lo que se plantea es una lucha racial y social.

Esto presenta varias interrogantes aún por estudiar: a) si este indianismo adelanta o retrasa la articulación social de la clase criolla emergente, b) si de alguna manera constituye una rémora para la comprensión de nuestro mestizaje racial y cultural, c) si representó el fortalecimiento de la clase social criolla en detrimento de los negros y mulatos, d) si contribuyó a un tipo de racismo y discrimen en nuestros pueblos... En fin, resulta fundamental determinar qué papel jugó el indianismo en nuestro desarrollo cultural, político y social.

No obstante, el indio literario encarna el fundamento de nuestros pueblos y símbolo de un pasado de luchas y sacrificios que sirven de paradigma a las naciones que empiezan a cobrar conciencia de lo que son. Pero algunos escritores, obsesionados con la visión europea de la América y su gente, subestiman, mientras otros sobrevaloran, lo que verdaderamente significó el hombre primigenio americano en la forja de nuestras conciencias colectivas nacionales.

No cabe la menor duda de que representó un movimiento de afirmación criolla, ya que se pretendió con él una diferenciación con el europeo. Sin embargo, no llegó a convertirse en una corriente de afirmación social. Hoy tenemos una conciencia más clara de la importante significación de las culturas primigenias americanas en la formación de nuestros pueblos. La llamada literatura indigenista del siglo XX nos permitió ver la realidad social de nuestros aborígenes ante la idealización del indianismo literario decimonónico.

EL AÑO 1898 Y EL PLANTEAMIENTO DE LO HISPÁNICO EN CUBA Y PUERTO RICO*

> *Si bien es verdad que Puerto Rico no tenía pleito alguno pendiente con Estados Unidos, Cuba mantenía tan agria disputa con la Metrópoli que el imperialismo industrial norteamericano creyó ver perjudicados sus intereses en la pugna o avizoró fáciles ganancias en precipitar una intervención directa.*
>
> Tomás Blanco

A mis hijos, Roberto Carlos y Raúl Eduardo, para que vivan orgullosos de la herencia hispánica de sus abuelos asturianos

Cuba y Puerto Rico han estado estrechamente ligados no sólo por sus troncos étnicos o por afinidad cultural, sino por los avatares políticos e históricos que convirtieron a estas islas en los dos países de nuestro continente que permanecieron más tiempo bajo el trono español. En sus cuatro siglos de vínculos políticos con la Península, desempeñaron un preponderante papel, primero en las expediciones a tierra firme en los albores de la colonización, luego como parte estratégica del sistema de defensa del imperio en el continente, para finalmente, a principios del siglo XIX, constituirse en el centro militar de las luchas de la metrópoli contra Hispanoamérica.

Situadas en estratégico marco geográfico, fueron muchas las naciones que ambicionaron arrebatárselas a la Corona, pues representaban lo que Jorge Mañach ha denominado una *frontera* política, económica y cultural. Específicamente significaban: "Un lugar fronterizo de la cultura hispánica [...en el que] su tradición, sus costumbres, su cultura, son de españolísima raíz."[108] Enrique A. Laguerre, por su parte, considera que la expresión cultural de estas

---

* Publicado en *Encuentro, Revista de la Asociación de Profesores Universitarios Españoles en Puerto Rico*, Años XI-XII, núms.. 21-22, 1997-1998.
[108] Mañach le aplica este concepto a Puerto Rico por su relación con Estados Unidos e Hispanoamérica. Sin embargo, considero que el mismo también es aplicable a Cuba y así se desprende en su obra. Este autor cubano señala como misión de la *frontera*: "Actuar como confín; es decir, contener en el ámbito que ella perfila, las esencias peculiares que constituyen lo diferencial de su personalidad, los legítimos objetos de su amor propio". Además, entiende que debe estar abierta "[...] a los valores universales que a la propia cultura le faltan." Jorge Mañach. *Teoría de la frontera* (Editorial Universitaria: Río Piedras, 1970) 136, 144.

islas tiene unas particularidades muy propias, por "[...] su hondura hispánica y por sus peculiaridades [...que] se diferencia en cierto sentido, de la continental."[109] Cuba y Puerto Rico, por lo tanto viven comunes lazos sociales y políticos.

El denominador común que cohesiona la personalidad de estos pueblos es su raigambre hispánica que se conjugó con lo aborigen y lo africano para que, decantado, emergiera lo cubano y lo puertorriqueño. Al punto que se puede decir con Cintio Vitier que dicha hispanidad "[...] ya no es sólo españolidad [...] sino también americanidad (porque América es el *deseo* de España) [...]"[110] La nacionalidad de ambas islas, aunque poseía un importante sustrato hispánico, no era una mera extensión de lo español, sino que había engendrado esa originalidad americana de la cual nos habla Federico de Onís [111] y que constituiría los cimientos ontológicos de la cubanidad y la puertorriqueñidad.

Sin duda, España nos transmitió no sólo lo que tenía, sino lo que ella era. Para don Federico, la aparición del hombre americano fue un proceso que se inició con el *desarraigo* de los españoles que vinieron a América y la diferenciación de lo peninsular, con lo que se busca una afirmación peculiar americana. En ambas actitudes, según él, late lo español.[112]

El año 1898 significó un cambio radical en la vida política, económica y cultural tanto cubana como puertorriqueña. A un siglo de los acontecimientos de ese año, tenemos no sólo la objetividad para analizar los mismos, sino, además, las revelaciones documentales de los hechos. Estados Unidos tuvo un objetivo muy claro en el siglo XIX: incorporar las últimas posesiones españolas a su territorio. Sólo faltaba la excusa para lograrlo y el 15 de febrero de 1898 la consiguió. En el presente trabajo comprobaremos esta tesis, para luego analizar que existen unas causas políticas que inciden en lo social y cultural cubano y puertorriqueño, lo cual hace

---

[109] Enrique A. Laguerre. *Polos de la cultura iberoamericana* (Florentia Publisher: Boston, 1977) 38-39.

[110] Cintio Vitier. *Lo cubano en la poesía* (Instituto del Libro: La Habana, 1970) 231. Lo subrayado es del autor.

[111] Don Federico afirma que lo hispánico en América "[...] no hay que buscarlo en la conservación o supervivencias de cosas idénticas del pasado común, ni menos en la expresión de querer unos americanos ser españoles y otros no." También señala que: "La permanencia de España en América tendremos que buscarla, por lo tanto, no como peso muerto o resto arqueológico del pasado, sino como fermento vivo latente en las creaciones nuevas y originales americanas; no en lo que España hizo y dejó en América, sino en lo que los americanos crearon por sí mismos diferenciándose de los españoles." Federico de Onís. *España en América* (Editorial Universitaria: Río Piedras, 1968) 14, 15.

[112] *Ibid.*, 16-17.

que ambos pueblos se planteen sus raíces hispánicas con criterios divergentes.

1898: EL OBJETIVO Y LA EXCUSA

Los Estados Unidos desarrollaron una política expansionista que paulatinamente absorbe los territorios aledaños hasta que consuman la anexión de Texas, California, Nuevo México, la Luisiana y la Florida. Según la política del llamado *Destino Manifiesto*, este país había puesto sus miras en Cuba y Puerto Rico como "apéndices" de esa nación. Esta política consideraba, en palabras de Hugh Thomas: "La inevitable absorción de sus vecinos gracias a las cualidades superiores de los anglosajones como tales [...] y a sus instituciones democráticas."[113] New Orleans fue un centro de agitación pública en pro de la anexión de ambas islas y los periódicos alentaron en sus lectores las esperanzas de lograrlo. Como ejemplo de ello, uno de los rotativos en esa ciudad, *De Bow's Review*, traducía dicha política en los siguientes términos:

> Tenemos un destino que cumplir, un destino manifiesto, respecto a todo México, Sudamérica, las Indias Occidentales y Canadá. Necesitamos dominar las Sandwich en el Este, tanto como las islas del golfo en el Oeste. Hemos de echar abajo las puertas del imperio chino [...] La gente está dispuesta a contemplar mañana [...] una colisión con el imperio más poderoso de la tierra [...y] un sucesor de Washington accederá al trono del imperio universal.[114]

Se alimentaba, por consiguiente, en el ánimo popular un deseo expansionista gubernamental que, incluso, iba más allá de las Antillas.

Categóricamente se puede afirmar que desde Jefferson hasta McKinley persistió la idea de anexar Cuba y Puerto Rico a la Unión, aunque la anexión de la primera era más codiciada por los intereses económicos azucareros. Unas veces fueron las ambiciones de los estados sureños que veían en Cuba una oportunidad para reforzar el frente esclavista, y otras, los intereses comerciales, tanto del Norte como del Sur, que paulatinamente se iban expandiendo en estas islas, al punto que Norteamérica se convirtió en el primer país, después de España, con más capital invertido en la Cuba y el Puerto

---

[113] Hugh Thomas. *Cuba: La lucha por la libertad, 1762-1970* I (Ediciones Grijalbo, S.A.: Barcelona, 1973-1974) 280. El presidente John Quincy Adams declaraba que: "Las islas de Cuba y Puerto Rico eran como apéndices del continente de Norteamérica y que Estados Unidos no veía con buenos ojos que pasasen a la posesión de ninguna otra potencia." Loida Figueroa. *Breve historia de Puerto Rico* I (Editorial Edil: Río Piedras, 1979) 175.
[114] H. Thomas, *op. cit.*, 289.

Rico coloniales. Esto explica el porqué en las elecciones presidenciales estadounidense de las décadas del cincuenta y el sesenta en el siglo XIX, la anexión jugó un importantísimo papel.[115]

Con el fin de conseguir la incorporación de Cuba a la federación americana, el gobierno norteamericano, por lo menos, en cuatro ocasiones ofreció comprarla, además, patrocinó luchas armadas y procuró, por todos los medios, que se mantuviera bajo el dominio de la entonces debilitada España, en espera del momento propicio para conseguir su anexión.[116] Esta política también se siguió con Puerto Rico, aunque menos insistentemente, ya que entre los puertorriqueños el interés anexionista durante ese tiempo fue mínimo.[117] Sin embargo, en Cuba sí hubo un fuerte movimiento anexionista animado por la situación económica y social, pues los acaudalados terratenientes cubanos del XIX, por miedo a la abolición de la esclavitud, miraron hacia Estados Unidos como una forma de salvaguardar la raza blanca y proteger sus intereses económicos. En el año 1824, el padre Félix Varela se dolía de que en Cuba sólo había amor por las cajas de azúcar y por los sacos de café; también señalaba que no existía entre los cubanos una opinión política, sino mercantil.[118] La penetración económica norteamericana se fortalece, tanto en Cuba como en Puerto Rico, en el siglo XIX.

---

[115] Véase, *Ibid.*, 127, 279, 304-306; Herminio Portell Vilá. *Historia de Cuba en sus relaciones con Estados Unidos y España* (Mnemosyne Publishing: Miami, 1969) II, 9, 12, 66, 81, 119-120, 127, 264-265, III, 460-461, IV, 9.

[116] Véase, H. Portell Vilá, *op. cit.*, I, 370, 374, 377-379, 386, 388, 391-393, II, 37, 49, 57, 61-63, 72-73, 109-110, 218; H. Thomas, *op. cit.*, 147, 282-283, 289-307, 479; Ramiro Guerra. *Manual de Historia de Cuba: Desde su descubrimiento hasta 1868* (Ediciones R: Madrid, 1975) 297, 300, 387.

[117] Germán Delgado Pasapera. *Puerto Rico: Sus luchas emancipadoras (1850-1898)* (Editorial Cultural: Río Piedras, 1984) 180-183. Loida Figueroa, a su vez, señala: "Aunque parezca paradójico, el interés anexionista en Puerto Rico fue mínimo en términos absolutos y comparativos. Por lo menos no hubo declaraciones públicas en ese sentido de parte de los líderes autonomistas ni separatistas, con la sola excepción del doctor José Julio Henna." *Breve historia de Puerto Rico* II (Editorial Edil: Río Piedras, 1983) 46. Jorge Mañach, por su parte, considera que Puerto Rico políticamente le era fiel a España: "Si, a pesar de los Hostos, los Betances, los Baldorioty de Castro y los Ruiz Belvis, vuestra historia muestra una persistente fidelidad a España, ello no hace sino acreditar lo encariñado que estabais con los valores de la estirpe y la tremenda sacudida que debió de representar para vuestra conciencia colectiva el veros de súbito transferidos, sin vuestra voluntad y como consecuencia de una guerra en que no habíais tenido parte, a otra soberanía, y a un ámbito de cultura regido por muy otros valores." *Op. cit.*, 147. Antonio S. Pedreira, reafirma lo anterior cuando opina que: "Al perder la madre patria sus hijos americanos y al observar el carácter díscolo de nuestra hermana Cuba, para los españoles de allá nos convertimos, por nuestro buen comportamiento, en el *enfant gaté*, en el niño mimado de la ya escasa familia hispánica." *Insularismo* (Biblioteca de Autores Puertorriqueños: San Juan, 1957) 169.

[118] Félix Varela. "Consideraciones sobre el estado actual de la isla de Cuba", *El Habanero* (Ediciones Ideal: Miami, 1974) 16, 18. Véase, además, H. Thomas, *op. cit.*, 128, 296.

El 24 de febrero de 1895 comienza en Cuba la Guerra de la Independencia que pronto se extendió al occidente de la Isla y prácticamente dos terceras partes de ella estaba en pie de lucha. Como era de esperarse, esto afectó los intereses económicos, principalmente azucareros, porque las fuerzas revolucionarias quemaban los ingenios de azúcar. El 4 de abril de 1896, el Secretario de Estado de los Estados Unidos le escribe al Ministro Plenipotenciario de España en Washington, que la guerra que se libraba en Cuba "[...] estaba acabando con los capitales americanos y empobrecía a gran número de ciudadanos de Estados Unidos." Y meses más tarde, insiste que la guerra afectaba tanto los intereses económicos como a los ciudadanos americanos.[119] El presidente McKinley, a su vez, en el mensaje del 7 de diciembre de 1896 advierte que el capital norteamericano invertido en Cuba, el cual oscilaba entre treinta y cincuenta millones de dólares, debido al estado de guerra se veía adversamente afectado. Este mensaje demuestra la tensión existente entre los gobiernos de Washington y Madrid, además que se percibía una confrontación bélica muy próxima. Dice el Presidente:

> [En] los últimos tiempos se ha sugerido también la idea de que los Estados Unidos comprasen la Isla de Cuba; pero esta especie no puede ser tomada en consideración á causa de que no existe la menor muestra de que España desee oír proposiciones de tal índole.
> Finalmente se hace lo posible para que á falta de lo que antecede, se ponga término á la lucha destructora de Cuba por medio de nuestra intervención, aun a costa de una guerra entre España y los Estados Unidos, guerra que, según profetizan confidencialmente sus preconizadores, ni sería de grandes proporciones, ni de dudoso éxito.[120]

España otorga una constitución autonómica para Cuba y Puerto Rico el 25 de noviembre de 1897.[121] El Nuevo régimen se recibe en Puerto Rico, en términos generales, con gran regocijo y esperanza, aunque el mismo no llenaba plenamente las aspiraciones autonomistas puertorriqueñas; pero no así en Cuba, donde hasta los

---

[119] Véase, *Libro Rojo: Tratado de París. Documentos presentados a las Cortes en la Legislatura de 1898 por el Ministro de Estado* (Editorial Universitaria: Río Piedras, 1988) 6, 30.
[120] *Ibid.*, 18.
[121] Ministerio de Ultramar. *Decretos estableciendo el Régimen Autonómico en las islas de Cuba y Puerto Rico* (Imprenta de la Viuda de M. Minuesa de los Ríos: Madrid, 1897); *Libro Rojo, op. cit.,* 66-68, 188.

españoles incondicionales se opusieron.[122]   Esta concesión política llegaba muy tarde. El gobierno español no tuvo la visión de conceder dicho estatuto mucho antes, cuando en ambas Islas se pedía con insistencia. La guerra en Cuba y el enfrentamiento irreconciliable de dos bandos impedía el sosiego y la buena voluntad para un feliz funcionamiento político. A esto debe incluirse el marcado interés de Estados Unidos por Cuba. McKinley vuelve a insistir en este empeño en su mensaje del 6 de diciembre de 1897 en el cual es bien categórico al afirmar: No permitiré "[...] alteración alguna de los vínculos que unen á Cuba con España, á menos que fuera la independencia ó la adquisición, mediante compra, por nosotros."[123]

Llegaron a ser tan tensas las relaciones españolas y estadounidenses que se preveía una inminente confrontación armada.   Para evitarla se realizaron una serie de conversaciones diplomáticas y comerciales entre ambos países, a fin de calmar la animosidad existente.   McKinley, entonces, decide enviar el acorazado *Maine* a La Habana como prueba de amistad hispano-norteamericana, y para reciprocar esta acción conciliadora, la Corona ordena al crucero *Vizcaya* que visite las costas de Estados Unidos. Este gesto significaba una muestra de buena voluntad y una forma de distensión diplomática. Por lo menos así lo entendió el Ministro Plenipotenciario español en Washington, quien le cablegrafía al Ministro de Estado en Madrid, en los siguientes términos: "Por mis telegramas anteriores habrá visto V. E. que hemos entrado otra vez en la **normalidad** y, á mi modo de ver, en tan favorables condiciones, que todo lo bueno que suceda mejorará, así como pudiera colocarnos en condiciones difíciles el que se repitieran los motines en Cuba."[124]

La situación política imperante en Cuba era la aparente manzana de la discordia. Digo aparente, porque Washington había calculado muy bien su estrategia, ya que todo fue una simulada distensión que España, de buena fe, lo interpretó como un gesto de buena voluntad, realmente sentido.

Sin embargo, el encargado de negocios norteamericanos en La Habana, el Cónsul General de los Estados Unidos en Cuba, no tenía

---

[122] Véase, H. Thomas, *op. cit.*, 466-468; Carlos Márquez Sterling. *Historia de Cuba, desde Colón hasta Castro* (Las Américas Publishing: New York, 1963) 235. L. Figueroa, *op. cit.*, I, 387-389; II, 127-158.
[123] *Libro Rojo, op. cit.*, 71.
[124] *Ibid.*, 106. Lo subrayado es mío. Los motines a que se refiere el Ministro fueron las protestas que realizaron en La Habana, tanto españoles incondicionales como cubanos, por la autonomía concedida.

la misma opinión que las autoridades de Washington, pues insistió en que se retrasara la visita del *Maine* a La Habana, y no dejó la menor duda de su intranquilidad. Dicen sobre el particular los historiadores cubanos Santovenia y Shelton: "Fitzhugh Lee, alterada su habitual serenidad, recibió la noticia con gran preocupación y alarma, convencido de que el **gesto amistoso** no podría lograr beneficio alguno, pero sí podía causar mucho daño."[125]

De hecho, a mediados de enero de 1898, se alertó la Armada norteamericana y se ordenaron prácticas marinas a la Escuadra del Atlántico y a una flotilla de botes torpederos en la Florida. Además, se pensó en el *Maine* para que protegiera la vida y las propiedades norteamericanas, si fuera necesario. En realidad se encubrió el motivo verdadero de esta visita. El acorazado *Maine*, el cual era visto como "el orgullo de la marina de Estados Unidos", comandado por el Capitán Charles D. Sigsbee, entró al puerto de La Habana el 25 de enero de 1898, mientras el crucero *Vizcaya*, bajo el mando del Capitán Antonio Eulate, llegó a New York el 18 de febrero de ese año.[126]

El 15 de febrero de 1898, a las nueve y cuarenta de la noche, explotó en el puerto de La Habana el acorazado *Maine* y murieron 266 personas. Este acontecimiento empeoró las relaciones entre Madrid y Washington, y originó unas espinosas relaciones entre estas naciones, en las cuales España dio muestra de "la mejor tradición diplomática", a las que el historiador aguadillano Herman Reichard califica como "diplomacia de frustración",[127] porque así como España estaba ansiosa por evitar la guerra, se veía la intención de que Estados Unidos buscaba una excusa para iniciarla. Sobre el particular, Loida Figueroa afirma que: "Estados Unidos no intervino en el conflicto hispano-cubano porque se hundiera el *Maine*. A Estados Unidos le vino de perilla el suceso porque jugándose con los sentimientos del pueblo y enardeciéndole sus concupiscencias se podía conseguir el respaldo de la opinión pública."[128]

El parecer sobre la causa de la explosión estaba dividido. Unos consideraban que habían sido los españoles, otros que se

[125] Emeterio S. Santovenia y Raúl M. Shelton. *Cuba y su historia* II (Cuba Corporation Inc.: Miami, 1966) 295. Lo subrayado es de los autores. Véase, además, H. Thomas, *op. cit.*, 468.
[126] H. Thomas, *op. cit.*, 465-466; Santovenia y Shelton, *op. cit.*, 294-295; Henry Watterson. *History of the Spanish-American War* (The Werner Company: New York, 1898) 1.
[127] Herman Reichard Esteves. "The United States, Spain, and the *Maine*, or the Diplomacy of Frustration", *De historia y literatura puertorriqueñas* (Editorial Datum: Aguadilla, 1992) 414-429. Véase la iniciativa diplomática española en el *Libro Rojo, op. cit.*, 104-204.
[128] L. Figueroa, *op. cit.*, I, 172.

debió a los norteamericanos y no faltaron quienes se lo atribuyeron a los cubanos. La comisión española que investigó el suceso concluyó que la explosión se había originado dentro del buque, lo cual fue suscrito por el ingeniero francés, Almirante Dupont. La comisión norteamericana, por su parte, determinó que una mina submarina había provocado la explosión, pero con gran sensatez recalca que: "El tribunal no ha podido obtener una evidencia que determine la responsabilidad de una persona o personas en la destrucción del *Maine*."[129]

Se ha especulado mucho sobre la verdadera causa de la explosión, sin llegar a precisar exactamente cuál fue la misma y quiénes fueron los culpables. Objetivamente podemos determinar que España no deseaba verse involucrada en un conflicto bélico del cual nada ganaría y saldría muy mal parada. De hecho, Watterson, historiador norteamericano que hace la apología del ejército de ese país en el conflicto del 98, no le atribuye una responsabilidad directa al gobierno español, sino acusa de ser negligentes en su deber a las autoridades de La Habana. [130] Y según indica el historiador cubano Calixto C. Masó: "España cedió a todas las demandas que los Estados Unidos hicieron sobre Cuba."[131] A lo cual se debe añadir que todo el esfuerzo diplomático español desplegado es muestra de que ansiaba la armonía con ese país. Al carecerse de cualquier

---

[129] Véase, H. Thomas, *op. cit.*, 472-473; *Libro Rojo*, *op. cit.*, 150-151, 153-156. La conclusión del Tribunal norteamericano dice así: "That the loss the *Maine* was not due in any respect to negligence on the part of any of the officer or member of the crew. That she was destroyed by the explosion of submarine mine, which caused the partial explosion of two or more of her forward magazines and that no evidence has been obtainable fixing the responsibility for the destruction of the *Maine* upon any person or persons." Henry Watterson, *op. cit.*, 11. Hugh Thomas, a su vez, indica que: "Evidentemente muchos oficiales del ejército español odiaban a los Estados Unidos. El general Pin al mando de la región de Cienfuegos en 1896, había hablado a Atkins de lo fácil que sería tomar Boston, Nueva York y Washington, y de cómo esperaba que se le presentara la oportunidad de hacerlo." *Op. cit*, 474. Resulta curioso que la gran mayoría de los historiadores excluyan a los cubanos como los autores del atentado al *Maine*, porque sostienen que esto les hubiera valido que Estados Unidos los combatieran en vez de darle la ayuda que les brindaban al permitirles conspirar en ese país. Sin embargo, el escritor cubano Carlos Alberto Montaner, en una de sus novelas, presenta a los cubanos como los causantes del ataque para que se culpara a España y los norteamericanos intervinieran en la guerra. Véase *Trama* (Plaza Janés: Barcelona, 1987).
[130] H. Watterson, *op. cit.*, 3. La Comisión Americana estuvo trabajando veintitrés días para rendir su informe el 21 de marzo de 1898. Dos semanas más tarde, la Comisión Española rindió el suyo el 3 de abril de 1898. Véase, H. Watterson, *op. cit.*, 9-12; Calixto C. Masó. *Historia de Cuba* (Ediciones Universal: Miami, 1976), 400.
[131] C. Masó, *op. cit.*, 423. Este autor analiza el hecho objetivamente y afirma: "Aunque en la actualidad se mantienen ambas opiniones [de que fueron los españoles o los norteamericanos los causantes del hundimiento del *Maine*] de acuerdo con las simpatías o antipatías políticas personales, siendo aceptable la opinión de Remos de que por el estado de exaltación de los españoles de La Habana la explosión se debiera a un hecho aislado no imputable a ninguno de los gobiernos." *Op. cit.*, 400.

evidencia incriminatoria de España, como advierte Hugh Thomas, "[...] parece que debería exonerarse de culpa".[132] Este historiador inglés sostiene el siguiente punto de vista:

> La explicación más probable es la de que el *Maine* explotó debido a que llevaba una gran cantidad de la nueva pólvora que necesitaba para los cañones más pesados y que, en sus primeros años, a menudo provocaba explosiones. Más adelante los hechos han señalado que las fuerzas armadas de los Estados Unidos estaban tan mal organizadas que era posible un mal embalaje. Como telegrafió el Ministro Español de Ultramar, los oficiales y tripulación del *Maine* tenían, lo mismo que el gobierno de los Estados Unidos, "un gran interés en ocultar la verdad".[133]

Sin embargo, en el año 1976, el Almirante Hyman G. Rickover, Padre de la marina Nuclear, contradijo todas las teorías que hasta entonces se tenían. Este destacado oficial de la marina llegó a la conclusión de que el *Maine* se destruyó por una combustión espontánea en la carbonera contigua a uno de los almacenes de pólvora. La Nacional Geographic Society, a su vez, en el 1997 comisionó a unos expertos para que, mediante computadoras, estudiaran todas las fotos que se tenían de la tragedia. Esta investigación corroboró la teoría del Almirante Rickover.[134]

Estados Unidos poseía ya ante la opinión pública nacional e internacional la excusa perfecta para enfrascarse en una guerra sin que nadie, racionalmente, se opusiera a ello. El 29 de marzo de 1898 el embajador estadounidense en Madrid entregó una nota al Presidente del Consejo de Ministros en la cual, entre otros aspectos, le pedía "[...] la inmediata pacificación de Cuba."[135] De hecho, la Reina, a petición del Papa León XIII a quien la diplomacia española acudió como mediador con el fin de evitar la guerra,[136] pidió la suspensión de las hostilidades en Cuba, pero las fuerzas revolucionarias cubanas no aceptaron el armisticio ni las autoridades militares españolas en Cuba accedieron a la petición real.

El gobierno norteamericano, imbuido por una economía bélica y su afán expansionista, consideraba que la guerra le sería

---

[132] H. Thomas, *op. cit.*, 474. Algunos historiadores norteamericanos están de acuerdo con esto y reconocen objetivamente las intenciones del gobierno norteamericano. Véase, entre otros, Jack Cameron Dierks. *A Leaps to Arms: The Cuban Campaign of 1898* (J.B. Lippincott Company: New York, 1970).
[133] H. Thomas, *op. cit.*, 475.
[134] Véase el excelente trabajo de Thomas B. Allen. "Remember the Maine?", *National Geographic* (Vol. 193, No. 2, February 1998) 92-111,
[135] *Libro Rojo, op. cit.*, 157.
[136] *Ibid.*, 160-163, 168-170, 178.

beneficiosa económicamente; lo cual explica por qué el 25 de marzo de 1898, el senador Thurston se atrevía a afirmar en pleno Congreso que:

> La guerra con España aumentaría los negocios y los beneficios de todos los ferrocarriles americanos, aumentaría la producción de todas las fábricas americanas, estimularía todas las ramas de la industria y del comercio nacionales, acrecentaría en gran medida la demanda de trabajo americano, y, finalmente, todos los títulos que representan una participación en cualquier empresa americana, valdría más dinero que ahora.[137]

Según se puede apreciar, existía marcado interés por iniciar un conflicto armado que beneficiaría política y económicamente a Estados Unidos. Por lo menos así pensaban los dirigentes, aunque no se podría afirmar lo mismo del pueblo en general. Finalmente se rompen las relaciones diplomáticas entre Washington y Madrid, el 25 de abril de 1898, debido a que el Presidente firmó una resolución de ambas Cámaras en la que se autorizaba a las fuerzas norteamericanas a intervenir militarmente en Cuba.[138]

El eje del conflicto, como he indicado, era Cuba. Siempre se plantearon tres puntos en concreto: La inhumanidad del método empleado por el general Valeriano Weyler -denominado la *Reconcentración*- que consistía en despoblar las zonas rebeldes, lo cual trajo incontables muertes y gran miseria entre los civiles; el reconocimiento de los cubanos beligerantes como revolucionarios y no como bandidos; y la independencia de Cuba o la venta de ésta a Estados Unidos.[139] Nunca entraron en las exigencias norteamericanas Puerto Rico ni Filipinas. Por tal razón, el desembarco de tropas norteamericanas en Puerto Rico dejó perplejo a las autoridades españolas, las cuales no esperaban que esto

---

[137] H. Thomas, *op. cit.*, 484.

[138] *Libro Rojo, op. cit.*, 196-199. Véase la Resolución Conjunta en Santovenia y Shelton, *op. cit.*, 302-303.

[139] El historiador Calixto Masó sostiene que la actuación del gobierno de Estados Unidos sobre estas exigencias al gobierno de Madrid, en realidad era el pretexto para posesionarse de Cuba, como ya lo he indicado anteriormente. C. Masó, *op. cit.*, 421. A su vez, el historiador cubano Rafael Esténger advierte que una vez finalizada la guerra: "Se libraba en los Estados Unidos una resonante polémica sobre el imperialismo. Profesores y escritores pensaban que la gran nación perdería su alma -el alma liberal y democrática que inspiró la declaración de independencia-, si incurría en el pecado europeo de mantener colonias. Las elecciones presidenciales de 1900 discutieron como tema central el derecho de retener el dominio sobre las islas de Cuba, Puerto Rico y Filipinas. El humorista Mark Twain, partidario acérrimo de renunciar a las preeminencias coloniales, recomendó burlonamente a McKinley la idea de sustituir en la bandera norteamericana las franjas blancas por listones negros y las estrellas por una calavera, al uso de los piratas." *Sincera historia de Cuba (1492-1973)* (Editorial Bedout S.A.: Medellín, 1974) 249-250.

sucediera, ya que en esta Isla, a la sazón gobernada por un régimen autonómico, no existía un estado de guerra, pues se habían logrado sofocar los brotes revolucionarios, en particular la intentona de Yauco en 1897.[140] El 27 de julio de 1898, el Ministro de Estado español cablegrafía al Embajador español en París:

> Desembarco americano en Puerto Rico causa sorpresa, considerando este Gobierno que se ha realizado después de tener Presidente Estados Unidos en su poder Mensaje del Gobierno Español, ofreciendo los medios para inteligencia fuera del empleo de las armas. El intento de ocupación de Puerto Rico en momento actual constituye una revelación de que los Estados Unidos pretenden acumular hechos de armas fuera de razón, sin duda con el objeto de hacer más onerosas las condiciones de paz.[141]

Watterson justifica la posesión norteamericana de Puerto Rico, porque al obtener Cuba su independencia, Inglaterra u otra nación poderosa podrían apoderarse de la Isla, ya que sería la única posesión española en el Caribe y esto amenazaría la estabilidad de la región. Su incautación, pues, estaba plenamente justificada por la seguridad nacional y, además, como una indemnización por el costo de la guerra.[142]

Es harto conocido el desenlace del conflicto hispano-americano. España acepta ceder Cuba a Estados Unidos, pero no quiere perder a Puerto Rico, al que Estados Unidos exige como paga por la guerra, y le ofrece otras compensaciones territoriales en sustitución de la Isla, pero Washington no accedió.[143] En las negociaciones de París, España hizo claro que tenía muchos intereses económicos, tanto en Cuba como en Puerto Rico, y específicamente en Cuba le preocupaba la seguridad de los españoles y los cubanos afectos a ella. Según los delegados españoles a las conferencias de París, en las negociaciones quedó muy patente que Estados Unidos quería anexarse a Cuba y quedarse con Puerto Rico.[144]

---

[140] Véase, G. Delgado Pasapera, *op. cit.,* 530-539.

[141] *Libro Rojo, op. cit.,*102.

[142] H. Watterson, *op. cit.,* 275.

[143] Véase, *Libro Rojo, op. cit.,* 109-113, 116-117, 120, 122. Mañach advierte que en el Tratado de París no se le reconoció personalidad política a Puerto Rico, sino que fue allí "como objeto de derecho". *Op. cit.,* 148.

[144] Véase, *Libro Rojo, op. cit.,* 44, 122, 154. Las fuerzas militares estadounidenses no reconocieron el gobierno autonómico de Puerto Rico, ya que en las conversaciones que sostuviera la Comisión Militar Conjunta, compuesta por norteamericanos y españoles, para atender sobre la evacuación de las tropas y la entrega formal de la Isla al gobierno de Estados Unidos, el general Ricardo Ortega, presidente de la comisión española, trató sin éxito el que los comisionados americanos reconocieran la personalidad jurídica del país a fin de que el gobierno

Tan interesado estaba el gobierno español en que se esclareciera la causa del hundimiento del *Maine* que, según consta en el Protocolo número 20, del 6 de diciembre de 1898 de las conversaciones de París, a su petición, se convino en nombrar una comisión internacional que estudiara la causa de la explosión. [145] Hasta donde tengo entendido, no se llevó a cabo ninguna investigación posterior a las realizadas por España y Estados Unidos. Los restos del *Maine* se hundieron frente a la bahía de La Habana guardando el secreto. Si España hubiera estado involucrada directamente en ello, no hubiese insistido tanto en el esclarecimiento de los hechos.

Este cambio de gobierno en Cuba y Puerto Rico representó una drástica escisión en la vida política, económica y cultural de estos países. Aquél, primero bajo el gobierno de los Estados Unidos y, luego, al instaurarse la República con el Apéndice de la *Enmienda Platt*, mediante el cual este país podía intervenir en Cuba cuando lo considerara pertinente. Puerto Rico, a cuyo gobierno autonómico no se le reconoció jurisdicción alguna, será entregado a Estados Unidos como botín de guerra. Estas particulares circunstancias hicieron que cubanos y puertorriqueños se enfrentasen, en forma distinta, a la ingerencia norteamericana que se realizaba en ambas islas: éstos aferrándose a su hispanidad cultural, aquéllos rechazándola.

LO HISPÁNICO EN LA NACIONALIDAD CUBANA Y PUERTORRIQUEÑA

Los países hispanoamericanos que se habían constituido en nuevas repúblicas, debieron realizar una valoración histórica que justificara la ruptura política con España. El análisis de esta situación nos ayudará a comprender mejor los casos concretos de Cuba y Puerto Rico.

Las figuras que se dieron a la tarea de gestar las nuevas naciones se plantearon los objetivos y las bases que avalaran, ante el pueblo y la posteridad, la independencia obtenida, así como la organización jurídica, política, administrativa y cultural que se realizaba en cada nación. La historia les sirvió de base, como explica Jaime Jaramillo, para justificar la ruptura con la Metrópoli y realizar dicha organización.[146] Recordemos, según indica Mañach,

---

autonómico resolviera los asuntos ajenos a lo militar. Véase, Ángel Rivero. *Crónica de la guerra hispano-americana en Puerto Rico* (Editorial Edil: Río Piedras, 1971) 393.
[145] Véase, *Libro Rojo*, *op. cit.*, 282-283.
[146] Jaime Jaramillo Uribe. "Frecuencias temáticas en la historiografía latinoamericana", *América Latina en sus ideas* (Siglo XXI: México, 1993) 32.

que las luchas emancipadoras dejaron unas "[…] sociedades dramatizadas por la pugna entre las viejas lealtades y el nuevo espíritu **liberal**."[147] Muchos hispanoamericanos se cuestionaron la herencia cultural hispánica. Algunos, como el fraile mexicano Servando Teresa Mier, llegaron hasta el extremo de negar que a España se le debiera la fe cristiana. Como entre América y la Península existían estrechos vínculos religiosos, culturales y políticos, al romperse éste último, se quiere desligar de los otros.

Se dieron, entonces, a la tarea de reevaluar los fundamentos hispánicos de la identidad nacional y la estructuración de las instituciones que durante siglos sostuvieron el desarrollo político-social de cada país. Como era de esperarse, esto trajo dos actitudes: la de quienes pretendieron desvincular completamente a España de la nueva vida nacional y quienes consideraron que era imposible hacerlo. Hispanismo y anti-hispanismo, pues, en este momento histórico, se convierten en una especie de lucha ideológica que actualmente ha caído en el olvido,[148] lo cual es seña de que en aquel tiempo se carecía del sosiego necesario para plantearse objetivamente estas realidades. Los hechos bélicos entre España y la generación americana que luchó por la independencia, impidieron el análisis imparcial de las realidades nacionales.

Esta generación estuvo animada por lo que se ha llamado la ideología del primer hispanoamericanismo -cuyo ejemplo representativo es Bolívar- que consideraba la lengua "[…] el único vínculo de importancia que había dejado la dominación española."[149] Mañach afirma que en esta etapa formativa: "[…] la **pasión política** absorbió todas las energías sociales".[150] Esta actitud ayudará a entender por qué los cubanos y los puertorriqueños se plantearon en forma diferente los fundamentos de la hispanidad en la forja de su conciencia nacional. Sin embargo, en lo que Rojas Mix ha llamado el

---

[147] J. Mañach, *op. cit.*, 117. Lo subrayado es del autor.

[148] Advierte Jaime Jaramillo: "En contra punto con la corriente anti-hispanista encontramos en la historiografía latinoamericana, una visión hispanista que, iniciada con cierta timidez desde los albores mismos de la era republicana, ha ido ganando fuerza a medida que la perspectiva para analizar la llamada misión histórica de España se ha ido ampliando." *Op. cit.*, 35. Mañach afirma que: "[…] apenas hay criollo latinoamericano medianamente representativo que no lleve por dentro un español, **aunque a veces reniegue de él**. Lo que no hace la sangre lo hace la cultura." *Op. cit.*, 100. Lo subrayado es mío.

[149] Miguel Rojas Mix. "La cultura hispanoamericana del siglo XIX", *América Latina en sus ideas*, *op. cit.*, 60. Este autor considera el bolivarismo la ideología que animaba a las recién nacidas repúblicas americanas, e indica que Bolívar, cuando analiza el pasado español: "[…] concluía en un colofón de animosidad hiperbólica: *Más grande es el odio que nos inspira la Península, que el mar que nos separa de ella.* *Ibid.*, 56.

[150] J. Mañach, *op. cit.*, 117. Lo subrayado es mío.

segundo hispanoamericanismo, que se da luego de consolidada la independencia y la organización de la vida nacional, se desarrolla un acercamiento a España.[151]

CUBA.

Al instituirse la república, en Cuba se revive este cuadro, ya que tras años de cruentas guerras lograba independizarse de España; pero los cubanos estaban muy resentidos. El gobierno español nunca reconoció la beligerancia cubana y sólo aceptó rendirse a los Estados Unidos, a lo cual debe añadirse que los delegados cubanos en el Tratado de París participaron únicamente como observadores. Esto explica por qué, cuando ya habían transcurrido tres décadas, aún se mirara con suspicacia lo hispánico, y Alejo Carpentier afirmara que bajo el hispanismo se ocultaba un racismo solapado.[152] También el que, después de la revolución de 1933, durante la presidencia de Ramón Grau San Martín, se promulgara la ley del cincuenta por ciento, mediante la cual toda empresa debía tener no menos de la mitad de sus trabajadores cubanos nativos, no cubanos nacionalizados.[153] Esta legislación, en esencia, se aprobó teniendo en mente a los españoles, lo cual fue una injusticia del gobierno con aquellos peninsulares que habían hecho de Cuba su segunda patria.

Cintio Vitier se vale de una afirmación de Octavio Paz: "La heterodoxia frente a la tradición castiza española es nuestra única tradición", para analizar los planteamientos culturales de México y Cuba. Él distingue los casos de ambos países:

> La diferencia está en que el mexicano, por las complejidades de su historia y su psicología, le ha dado a esa heterodoxia, a ese desarraigo, una orientación agresiva, reticente, rencorosa: **una orientación antiespañola**; mientras el cubano, cuyo proceso de liberación de lo castizo [...] lo que busca [...] es un centro libre, abierto, ingrávido, sin fatalidad polémica. [154]

Aunque este intelectual cubano quiera suavizar la actitud cubana comparándola con la mexicana, objetivamente no se puede ocultar la animosidad que existía hacia lo español en los años siguientes a la instauración de la república.

---

[151] M. Rojas Mix, *op. cit.,* 60.

[152] Alejo Carpentier. *Tientos y diferencias* (Editorial Arca: Montevideo, 1967) 84.

[153] Véase, H. Portell, *op. cit.,* II, 195; III, 9; IV, 123, 219-324, 350; R. Guerra, *op. cit.,* 319; H. Thomas, *op. cit.,* 650-651; C. Masó, *op. cit.,* 513-514; R. Esténger, *op. cit.,* 281-282.

[154] C. Vitier, *op. cit.,* 41. Lo subrayado es mío. A su vez, Jorge Mañach, en los apuntes que dejó para elaborar posteriormente lo que llama la *frontera mexicana,* la describe con tres adjetivos: "resentimiento, prevención, rispidez". *Op. cit.,* 164.

Si bien es cierto que hay una estrecha relación entre intelectuales cubanos con figuras sobresalientes del pensamiento español,[155] y Cuba abre sus puertas a numerosos inmigrantes y exiliados españoles, los cubanos de las tres primeras décadas republicanas soslayan la herencia hispánica como fundamento de la cubanidad. Sin embargo, el liberalismo cubano y el español fueron vínculos de inquietudes y propósito en la autodeterminación nacional, la lucha contra las dictaduras, la libertad económica y la proyección nacionalista.[156]

Realmente los cubanos de ese momento no avalaron en toda su dimensión las enseñanzas de José Martí, la figura cimera de la naciente república, quien siempre criticó y combatió con vehemencia la política española cuando era injusta con Cuba,[157] pero de igual forma siempre reconoció los vínculos existentes entre España y Cuba. Dice el Apóstol:

> Porque ha de tenerse en cuenta, como elemento indispensable de todo cálculo presente o futuro, que el español ha echado en Cuba raíces más hondas que en ninguna otra posesión de España; y que en país alguno de Hispano América en la época de la guerra de independencia estuvo tan ligado al corazón mismo del país.[158]

Y en vísperas de la guerra de independencia de 1895, vuelve a insistir: "Nada menos que enemigo de Cuba sería quien pretendiese levantar una valla funesta entre cubanos y españoles [...] líganse el cubano y el español, por el bien de la tierra común y la rebelión del decoro [...]"[159] Reconoce Martí que Cuba es "un pueblo de españoles y cubanos" y que, en vísperas de una guerra, todos deben procurar el bien del pueblo en el que juntos vivirán. Por lo tanto, no es aconsejable: "Una antipatía infecunda, ni el odio enano, del

---

[155] Unamuno, Ortega y Gasset, Eugenio D'Ors, Araquistain, Américo Castro, Fernando de los Ríos, Díaz-Plaja y García Lorca, entre otros muchos. Véase, Carlos Ripoll. *Índice de la Revista de Avance, Cuba (1927-1930)* (Las Américas Publishing: New York, 1969) 17, 26, 36, 37, 44, 45, 51, 98, 115; César Leante. "La Revista de Avance", *Cuadernos Hispanoamericanos* 414 (diciembre de 1984) 193-194.

[156] Véase, Luis Araquistain. *La agonía antillana* (Espasa-Calpe: Madrid, 1928) 10.

[157] En la voluminosa obra de Martí podemos encontrar muchas referencias al respecto, baste, por ahora: *Obras completas* (Editorial de Ciencias Sociales: La Habana, 1975) I, 89-98, 108-111, 132-133, 193-194; II, 143-144.

[158] J. Martí, *op. cit.*, I, 194. Cintio Vitier considera que Martí "[...] no busca separar, independizar, sino para unir, incorporar, en un plano más entrañable. Ni Cuba esclavizada ni España esclavizadora pueden realizar las esencias de lo hispánico, que han de manifestarse en la plenitud de su libertad polémica, en el esplendor de sus contradicciones." *Op. cit.*, 232.

[159] J. Martí, *op. cit.*, II, 171.

cubano contra el español."[160] Reiteradamente Martí insistió en que la guerra de los cubanos no era contra el español,[161] sino contra las injusticias del gobierno español. Y en su célebre discurso *Con todos y para el bien de todos,* del 26 de noviembre de 1891 en el Liceo Cubano de Tampa, emotivamente vuelve a recalcarles a los cubanos que el español ha trabajado por Cuba, se ha mezclado con el cubano y ha hecho de esta Isla su país:

> ¿Al español en Cuba habremos de temer? ¿Al español armado, que no nos pudo vencer por su valor, sino por nuestras envidias, nada más que por nuestras envidias? ¿Al español que tiene en el Sardinero o en la Rambla su caudal y se irá con su caudal, que es su única patria; o al que lo tiene en Cuba, por apego a la tierra o por la raíz de los hijos, y por miedo al castigo opondrá poca resistencia, y por sus hijos? ¿Al español llano, que ama la libertad como la amamos nosotros, y busca con nosotros una patria en la justicia, superior al apego a una patria incapaz e injusta, al español que padece, junto a su mujer cubana, del desamparo irremediable y el mísero porvenir de los hijos que le nacieron con el estigma de hambre y persecución, con el decreto de destierro en su propio país, con la sentencia de muerte en vida con que vienen al mundo los cubanos? ¿Temer al español liberal y bueno, a mi padre valenciano, a mi fiador montañés, al gaditano que me velaba el sueño febril, al catalán que juraba y votaba porque no quería el criollo huir con sus vestidos, al malagueño que saca en sus espaldas del hospital al cubano impotente, al gallego que muere en la nieve extranjera, al volver de dejar el pan del mes en la casa del general en jefe de la guerra cubana? ¡Por la libertad del hombre se pelea en Cuba, y hay muchos españoles que aman la libertad! ¡A estos españoles los atacarán otros: yo los amparé toda mi vida! A los que no saben que esos españoles son otros tantos cubanos, les decimos: -"¡Mienten!"[162]

Los intelectuales cubanos, pasado el furor nacionalista de las primeras décadas republicanas, se enfrentan sosegadamente a la realidad sociocultural cubana y, como señala Rojas Mix, entonces vuelven a mirar a España. Cuando Salvador Bueno analiza la desvinculación de la cultura hispánica hecha por los cubanos, entiende que fue consecuencia de la actitud de los próceres de la independencia, cuyo objetivo era cortar radicalmente los lazos que

---

[160] *Ibid.,* II, 170. En un extenso párrafo sigue aconsejando a cubanos y españoles: "[...] antes debe procurarse, por la obra y por la palabra, el acercamiento afectuoso de los españoles justos, que son padres nuestros y maridos de nuestras hermanas, y de los cubanos." *Ibid.,* II, 170.
[161] *Ibid.,* IV, 94, 427, 410-412, 423-424, entre otras.
[162] *Ibid.,* IV, 277. Don Federico de Onís, pues, es injusto con el Apóstol de la independencia cubana, cuando afirma que en la obra de Martí "[...] no se menciona a España o se habla de ella sólo para denigrarla [...]" *Op. cit.,* 18.

los unían con España, pero entiende que esto fue negativo para Cuba.[163] A su vez, Jorge Mañach afirma que fue un error excluir lo hispánico para robustecer la nacionalidad cubana, ya que los españoles significaban una importante fuerza cultural y trabajadora que podía aportar mucho a la República.[164] Y Vitier le achaca a "la terca resistencia de lo español" latente en el alma cubana, lo que configura a esa generación de cubanos. [165] La historia ha demostrado que entre Cuba y España existen unos lazos indisolubles que van más allá de la óptica estrecha del fanatismo.

PUERTO RICO

En el año 1898, Estados Unidos consideraba a Puerto Rico un pueblo menor de edad, pintoresco y atrasado que hablaba un *patois* y carecía de literatura, en el cual sólo una sexta parte de la gente era educada y de sangre española, lo restante, vil populacho. Tenía, por lo tanto, un abierto menosprecio cultural por Puerto Rico.[166] Por tal razón, Pedreira entendía que los puertorriqueños debían hacerse respetar por su cultura ante el gobierno norteamericano;[167] a su vez, Tomás Blanco opina lo mismo, cuando expone la necesidad de desarrollar y fortalecer una personalidad cultural en la Isla, lo que contribuiría a la solución ontológica del puertorriqueño.[168] Además, se queja de la actitud del gobierno de Estados Unidos con Puerto Rico: "El menosprecio de nuestra cultura -que había dado hombres

---

[163] Salvador Bueno. *Medio siglo de literatura cubana (1902-1952)* (Publicación de la Comisión Nacional Cubana de la UNESCO: La Habana, 1953) 20.

[164] Jorge Mañach. *Pasado vigente* (Editorial Trópico: La Habana, 1939) 138-140.

[165] C. Vitier, *op. cit.,* 577.

[166] Véase, Tomás Blanco. *Prontuario histórico de Puerto Rico* (Biblioteca de Autores Puertorriqueños: San Juan, 1943) 120, 140; Ángel G. Quintero Rivera. *Conflicto de clase y política en Puerto Rico* (Ediciones Huracán: Río Piedras, 1981) 11; Marianne Meyn. *Lenguaje e identidad cultural: Un acercamiento teórico al caso de Puerto Rico* (Editorial Edil: Río Piedras, 1983) 83, 85; *Índice: Mensuario de historia, literatura y ciencia* (Editorial Universitaria: Río Piedras, 1979) 331. Loida Figueroa reproduce un memorando al general Miles, firmado por J. C. Breckenridge en representación del Departamento de Guerra, el cual lo resume en los siguientes términos: "En cuanto a Puerto Rico [...] era una adquisición que se debía hacer y preservarse, cosa que sería fácil porque el cambio de soberanía traería más ganancia que pérdidas a los intereses allí, que eran más cosmopolitas que españoles. Se añadía que para conquistarlo se procurara cumplir con todos los preceptos de las leyes de las naciones cristianas y civilizadas y que la población civil debía ser respetada en sus personas y propiedades. Se recomendaba que se ganase la voluntad de la raza de color (sic) con dos propósitos: primero, para conseguir su apoyo en un plebiscito para la anexión; y segundo, para resolver el problema racial de Estados Unidos proveyéndole un sitio donde sus negros pudieran irse." *Op. cit.,* II, 210-211, 459-460.

[167] Antonio S. Pedreira. *Obras completas* I (Instituto de Cultura Puertorriqueña: San Juan, 1970) 457.

[168] Tomás Blanco. "Los aproches del puente", en Eugenio Fernández Méndez. *Unidad y esencia del ethos puertorriqueño. Antología del pensamiento puertorriqueño sobre el problema de nuestra cultura* II-B (Editorial Universitaria: Río Piedras, 1954) 125-126.

de valor a España y al Continente- por parte de la burocracia estadounidense, hizo que se tratase de suplantar nuestras instituciones y nuestras tradiciones por otras recién implantadas."[169]

La intervención norteamericana en Puerto Rico resulta frustrante para el desarrollo de la conciencia colectiva y tronchó las aspiraciones autonómicas insulares. La Isla había logrado una personalidad como pueblo, pues -aunque mantenían comunes vínculos culturales, sociales y políticos- se diferenciaba de España y políticamente había conseguido una personalidad jurídica con el estado autonómico. Sin embargo, en el año 1898 se tronchó todo este desarrollo.

Los intelectuales puertorriqueños acentúan dos elementos importantes para resaltar la personalidad puertorriqueña: lo cultural hispánico y la autonomía gubernamental alcanzada bajo el régimen español. Frente a la visión peyorativa que sostenía el gobierno norteamericano, se demuestra que Puerto Rico posee una cultura fundamentalmente hispánica, diferente a la sajona; y ante la situación política imperante, se resaltan los logros obtenidos en las Cortes Españolas, los cuales habían culminado en la Carta Autonómica.

Los puertorriqueños, aunque tuvieron movimientos revolucionarios contra España, no sostuvieron prolongados tiempos de beligerancia, como sucedió en Cuba y otros países hispanoamericanos. La Isla ganó muchas batallas en el Parlamento español, entre las cuales, la abolición de la esclavitud y la Carta Autonómica constituyen los máximos triunfos de esas luchas jurídicas. Esto explica por qué en Puerto Rico se recurre a las raíces hispánicas de su cultura como un recurso contra la norteamericanización.

Los escritores del modernismo puertorriqueño se escudaron ideológicamente en una literatura nostálgica, frente al poderío político y económico de Norteamérica. Le cantan a la tierra como símbolo de la patria, al jíbaro y a lo hispánico como herencia cultural. Se recrea un pasado añorado donde se convivía armónicamente. Emilio Belaval comenta sobre el particular:

> La generación de la anteguerra es responsable de un serio error de perspectiva literaria: haber tratado de luchar contra una posible invasión de la cultura norteamericana con un nuevo afianzamiento de Puerto Rico a la cultura española [...] y es una generación no sólo divorciada de la realidad puertorriqueña, sino más aún, de la

---

[169] T. Blanco. *Prontuario histórico, op. cit.,* 140.

58

realidad hispano continental nuestra. Es una generación que **trata desesperadamente de asirse a la cultura española, aún a una manera más tradicional que la que existía en la propia España.**[170]

Las obras *Pueblito de antes* y *Aromas del terruño* de Virgilio Dávila son muestra de dicha visión. El campesino puertorriqueño que describe el autor es puramente español. Véase el poema "El jíbaro" en el cual se le atribuyen al puertorriqueño los atributos del español por antonomasia:

> Yo sé del libro de un Cervantes
> que, con sus prosas elegantes
> en un hidalgo -don Quijote- a todo un pueblo retrató;
> sé del hidalgo alguna hazaña;
> y si ese hidalgo era de España,
> **poner en duda no es posible que de españoles vengo yo.**[171]

Ante la realidad político-cultural de entonces, el poeta aspira a lograr una síntesis de las virtudes hispánicas y sajonas en el campesino puertorriqueño, quien será la figura que descollará por su puertorriqueñidad:

> Mantén esplendoroso tu idioma peregrino
> y el culto hacia lo bello que te legó el latino,
> y del sajón emula, como altas cualidades,
> su orgullo por la patria y sus actividades.
> Sé Washington en eso de odiar la tiranía;
> pero sé don Quijote en punto a cortesía.
> ¡El gesto del gran Roosevelt admira con tesón,
> sin olvidar el gesto de Alfonso de Borbón,
> y ten, de ibero y yanqui, la hermosa valentía.
> Así será el criollo, en no lejano día,
> más grande que el latino, más grande que el sajón![172]

Luis Llorens Torres, otra de las figuras cimeras del modernismo isleño, también es ejemplo de esto. El jíbaro que aparece en su obra es blanco e hispánico, el cual se torna en una especie de símbolo frente a lo norteamericano y se erige en expresión de la nacionalidad y unidad social puertorriqueña. Según advierte Arcadio Díaz Quiñones, Llorens lo verá como "[...] una encarnación del alma

---

[170] Emilio S. Belaval. "Visión de un Pueblito de antes en la poética de Virgilio Dávila", en Virgilio Dávila. *Pueblito de antes* (Editorial Cordillera: San Juan, 1967) 23. Lo subrayado es mío.
[171] Virgilio Dávila. *Aromas del terruño* (Editorial Cordillera: San Juan, 1966) 37. Lo subrayado es mío.
[172] *Ibid.*, 34.

colectiva y la reserva espiritual y moral de la sociedad."[173]   Sin embargo, Luis Palés Matos no sustentó esta idea de un jíbaro puertorriqueño hispanizado, pues entiende que con ello se soslaya la aportación africana a la cultura de Puerto Rico.[174]

El jíbaro españolizado que describe Llorens, se aprecia muy bien en el poema "Pancho Ibero", en cuyo simple nombre se sugiere ya la fusión de lo puertorriqueño y lo español:

> ¡Pancho Ibero¡ Tronco de honda raíz ibérica
> y encarnación de la América española.
> Una ola te trajo a las playas de América.
> ¡Pancho Ibero! ¡Bendita sea la ola![175]

Esta vinculación de Puerto Rico a España que conciben los modernistas, resulta una forma de fortalecer la identidad nacional puertorriqueña.

El movimiento nacionalista, bajo el liderato de Pedro Albizu Campos, tuvo marcada ascendencia en la sociedad puertorriqueña de entonces y, de manera particular, entre los intelectuales, al punto que se le ha reconocido como una figura de gran relieve no sólo en el campo político, sino en el cultural.[176] Don Pedro desarrolló un plan ideológico para el nacionalismo puertorriqueño que se apoyaba fundamentalmente en tres puntos: la nulidad del Tratado de París, la proclamación de la independencia política y económica de la Isla y la innegable existencia de una cultura puertorriqueña.   Dicho plan abarca, por lo tanto, desde el derecho internacional y la economía

---

[173] Arcadio Díaz Quiñones. *El almuerzo en la hierba* (Editorial Cultural: Río Piedras, 1982) 68-69.

[174] El poeta de Guayama se opone a Llorens, porque éste: "Se limita a la pintura del jíbaro campesino de pura descendencia hispánica, adaptado al trópico, y hace abstracción de otro núcleo racial que con nosotros se ha mezclado noblemente y que por lo fecundo, lo fuerte y lo vivo de su naturaleza, ha impreso rasgos inconfundibles en nuestra sicología, dándole, precisamente, su verdadero carácter antillano." Luis Palés Matos. *Obra 1914-1959* II (Editorial Universitaria: Río Piedras, 1984) 299. Emilio S. Belaval, por su parte, afirma que Llorens, tal vez sin proponérselo: "Se encontró convertido en el poeta oficial de la raza española en Puerto Rico, en el cónsul de la poesía hispanoamericana en Puerto Rico [...]" Citado por A. Díaz Quiñones, *op. cit.,* 31.

[175] Luis Llorens Torres. *Obras completas* I (Instituto de Cultura Puertorriqueña: San Juan, 1967) 122.

[176] Enrique A. Laguerre dice sobre Albizu: "Sería frívolo no reconocer que fue la conmoción fomentada por Pedro Albizu Campos lo que dio mayor ímpetu a las ansias de afirmación y de creación de aquel significativo momento. No se puede escribir la historia de la cultura puertorriqueña contemporánea, en todas sus fases creadoras, con el olvido deliberado de aquellas circunstancias." "Caudillo intelectual de una generación". *Hablan sobre Albizu Campos* (Editorial Jelofe: San Juan, 1979) 93. Manuel Maldonado Denis, por su parte, lo llama la conciencia del pueblo puertorriqueño. *Pedro Albizu Campos: La conciencia nacional puertorriqueña* (Siglo XXI: México, 1979) 29.

hasta la afirmación cultural.[177] Me interesa destacar, para efecto de este trabajo, sólo lo cultural. Ante el desdén por la cultura puertorriqueña y el propósito de norteamericanización, Albizu pone de relieve los fundamentos culturales de Puerto Rico y los sustenta con unas ideas claves.

Defiende la herencia hispánica de lo puertorriqueño y considera que España es la Madre Patria que ha engendrado la cultura puertorriqueña. El énfasis en lo hispánico y no en lo aborigen y lo negroide, es para presentar la Isla heredera de una cultura europea y civilizada, -ya que la sociología de entonces consideraba a éstas últimas como culturas primitivas- en contraposición a la cultura de Estados Unidos. Albizu vincula a Puerto Rico con los pueblos hispanoamericanos, ya que comparte con ellos una común cultura e idioma, y al hermanarlo con estos pueblos de tradición hispánica, lo contrapone a Estados Unidos. Frente a la norteamericanización y a la enseñanza en inglés, insiste en la importancia que cobra la lengua española.   Por último, afirma que el jíbaro es símbolo de lo puertorriqueño, porque es el refugio más eficaz de la personalidad colectiva de la Isla, ya que, gracias a su analfabetismo, el inglés no ha podido mutilar su mentalidad.

Adentrarse en la generación de intelectuales puertorriqueños del treinta es mirar a la generación que con mayor consistencia defendió la hispanidad del puertorriqueño. Estos escritores buscan una autonomía cultural y el fortalecimiento de la misma, a fin de combatir la norteamericanización y obtener un espacio en cual el pueblo pudiera ser él mismo. En lo político y lo económico existía una total supeditación a Estados Unidos; entonces ellos ponen el énfasis en el idioma, lo hispánico y lo cultural para, de esta forma, afirmar lo autóctono. Pedreira lo expone claramente, en *Índice*, el 13 de abril de 1930:

> Si en la esfera comercial, si en las relaciones políticas con la metrópoli, si en la actividad educativa, si en los inevitables contactos coloniales, se ha enseñoreado, a favor de solapadas penetraciones, la disolvente preocupación de obligar a que se exprese en dos idiomas un pueblo que sólo tiene una espíritu y una tradición y una cultura, urge evitar que llegue esa preocupación hasta el ámbito de nuestra literatura, única arma de defensa que nuestra condición de colonia nos ha dejado para proteger y

---

[177] Para ampliar más sobre este aspecto, véase Roberto Fernández Valledor. "Albizu y la Generación del 30". *El Cuervo* (enero-junio de 1992, Núm 7) 5-11.

conservar aquello que nos es más caro, la personalidad puertorriqueña.[178]

Desde la misma perspectiva, Emilio S. Belaval plantea como solución al problema de Puerto Rico: "La proyección de un nacionalismo cultural donde podamos coincidir todos en una consistente visión de lo puertorriqueño."[179] Entiende que la autonomía generada por este nacionalismo cultural, tendría la fuerza suficiente para proyectarse en lo político. De lo cultural, por lo tanto, se llegaría a lo político. Por esta razón Maldonado Denis destaca que los intelectuales puertorriqueños han sido predominantemente nacionalistas, "[…] si no en el sentido político del término en todos los casos, sin duda en su sentido cultural."[180]

La generación puertorriqueña del treinta, en la búsqueda de los rasgos definitorios de la nacionalidad, proclama una autonomía cultural y como los modernistas, se fundamenta en lo hispánico para resaltar la cultura propia y como un freno a la norteamericanización, pero a sabiendas de que esta afirmación tendría una importante repercusión en la definición política de Puerto Rico.

PALABRAS FINALES

Cuba y Puerto Rico le deben mucho a la cultura hispánica, sin duda alguna; pero este reconocimiento no puede ir en detrimento de lo aborigen ni de lo africano, como suele hacerse algunas veces. Tampoco se le debe escatimar a España lo que aportó. Éstas suelen ser posiciones apasionadas a las que, de ordinario, se recurre. Los puertorriqueños hicieron una valoración extrema que, en algunos casos, alcanzó dimensiones de hispanofilia; los cubanos, por el contrario, pusieron en entredicho esta valoración y desembocaron en una hispanofobia. En ambos casos faltó la justa apreciación, ya que estas actitudes respondían a un imperativo estratégico de afirmación

---

[178] *Índice, op. cit.,* 202. Véanse, además: 331-334. En *Insularismo* vuelve a insistir que Puerto Rico tiene una cultura propia, distinta a la sajona, por tal razón afirma que el puertorriqueño: "Está emparedado entre dos tipos de culturas contrapuestas […]" y la tercera parte del libro, "El rumbo de la historia", tiene como tesis que ya Puerto Rico era un pueblo definido cuando Estados Unidos lo invade en el año 1898. Aún más, cuando las trece colonias inician su formación, ya la Isla es parte de la civilización cristiana. Por eso su interés en distinguir entre civilización y cultura, ya que en sus palabras: "El problema que aquí nos planteamos no es el de la civilización, sino el de la cultura." *Op. cit.,* 79-95, 97-99.

[179] Emilio S. Belaval. *Los problemas de la cultura puertorriqueña* (Editorial Cultural: Río Piedras, 1970) 74.

[180] Manuel Maldonado Denis. *Puerto Rico: Mito y realidad* (Ediciones Península: Barcelona, 1969) 103.

nacional, debido a las particulares circunstancias histórico-políticas que ambos pueblos hubieron de vivir.

El año 1898 encontrará escindidos a cubanos y españoles, mientras los puertorriqueños se enfrascaban en el funcionamiento del recién creado gobierno autonómico. Los cubanos soslayaron su herencia hispánica como una desvinculación de la Metrópoli, no obstante, Puerto Rico encontró en ella un eficaz recurso para combatir la ingerencia foránea en su vida político-cultural.

Los intelectuales cubanos y puertorriqueños tuvieron una preocupación común al buscar y afirmar la identidad propia de sus respectivos países. Las ideas rectoras de la literatura cubana en las primeras décadas republicanas, apuntan fundamentalmente a lo económico, mientras que en los puertorriqueños a lo cultural. Esto se debe a que, en virtud de la Enmienda Platt, como Apéndice de la Constitución cubana, Estados Unidos tenía una decisiva influencia política en la Isla y, además, existía una fuerte supremacía económica estadounidense. Los cubanos comprendieron que la república no era independiente porque tuviese dicha enmienda, sino por el férreo dominio económico foráneo, ya que éste llevaba supeditado el político. En Puerto Rico, Estados Unidos asume el control político e intensifica el económico, al punto que en pocos años domina las principales fuentes de riqueza nacional, conjuntamente se inicia un proceso de norteamericanización. La batalla, pues, tenía tres frentes: el político, el económico y el cultural. Los puertorriqueños enfatizan en lo cultural para poder combatir los otros dos.

El 1998 no debe ser un año de celebración, sino de ponderada reflexión y valoración de todo aquello que nos fortalezca como pueblos. Aún continúan hermanadas la mayor y la menor de las Antillas, según señalara en sus versos la insigne Lola:

> Cuba y Puerto Rico son
> de un pájaro las dos alas,
> reciben flores o balas
> sobre el mismo corazón…
> ¡Qué mucho si en la ilusión
> que mil tintes arrebola,
> sueña la musa de *Lola*
> con ferviente fantasía.

¡De esta tierra y de la mía
hacer una patria sola!

Aunque hoy siguen por caminos diferentes, ambas Islas están estrechamente vinculadas en su raza, su cultura y su idioma, que los *desarraigados* españoles nos legaron y nos enseñaron a amar, al vivir y confundirse entre nosotros.

INDIVIDUO Y SOCIEDAD EN DOS NOVELAS ANTILLANAS: LA PECADORA Y LOS INMORALES*

> *[…] el novelista es ante todo aquél que no está satisfecho con la realidad, aquel hombre que tiene con el mundo una relación viciada. Un hombre que por alguna razón, en determinado momento de su vida, ha sentido que surgía entre él y la realidad una especie de desacuerdo, de incompatibilidad.*
>
> Mario Vargas Llosa

A Jaime Oliver Marqués,
entrañable hermano y compadre

Los pueblos antillanos están estrechamente vinculados por la proximidad geográfica y la herencia cultural, asimismo por las circunstancias históricas, políticas y sociales que han debido afrontar, muchas de ellas adversas al desarrollo nacional. Su gente las combatió de múltiples formas entre las cuales la literatura desempeña un papel importante. De paso, en ella se recogieron valiosos testimonios que hoy nos permiten conocer mejor la idiosincrasia, los valores, la intrahistoria y las aspiraciones de las diferentes naciones. No perdamos de vista que esto ha sido una tradición en nuestro continente, ya que desde los albores de la consolidación político-cultural hispanoamericana, la literatura demostró que podía cumplir un destacado propósito social. Piénsese, por ejemplo, en nuestra primera novela *El Periquillo Sarniento.*

Nuestros hombres de letras se dieron a la tarea de acentuar la conciencia colectiva y denunciar los males que se vivían en sus respectivos países. Muchos no se quedaron exclusivamente en las letras sino que fueron también hombres de acción al ocupar distintas posiciones en la dirección de sus pueblos.

El puertorriqueño Salvador Brau y el cubano Carlos Loveira son ejemplos del escritor comprometido con su realidad política y social. Cada cual puso el arte al servicio de las necesidades que entendieron más apremiantes. Para apreciar esto quiero analizar dos novelas *La pecadora* del primero y *Los inmorales* del segundo, que si bien median entre ellas poco más de tres décadas nos

Publicado en *Focus,* Universidad Interamericana de Puerto Rico, Recinto de Bayamón (Año IV, Núm. 1, 2005).

permiten comprender problemas similares de la sociedad cubana y puertorriqueña de entonces. Brau sostiene que a través de la educación, principalmente de la mujer, se puede conseguir la transformación nacional; Loveira, por su parte, ataca los convencionalismos sociales y considera que los menos afortunados no son los inmorales, sino la sociedad que con sus hipocresías se ha corrompido en todos los niveles y ha permitido que sólo prive lo económico.

Estos autores no escribieron sus obras meramente para dejar una constancia de la sociedad cubana o la puertorriqueña, sino para transformarla. Las experiencias personales del cubano y las vicarias del puertorriqueño les sirven para urdir la trama novelesca, más simple en éste y más compleja en aquél. Ambas obras nos permiten adentrarnos en los seres humanos que las habitan y sentir con ellos sus fatídicas circunstancias vitales, mejor que si lo leyéramos en un tratado sociológico o histórico. Al personalizar los males del ambiente nos dejan desgarradores testimonios que muestran sendos retratos sociales de Cuba y Puerto Rico.

BRAU: UNA EDUCACIÓN MORALIZADORA

La novelita *La pecadora*,[181] ensayo de ambientación rural, como la llama Josefina Rivera de Álvarez,[182] en la cual "todos los personajes, menos esa pobre víctima, fueron tomados de la vida real... y aún vive alguno",[183] se debe analizar teniendo en consideración dos aspectos importantes que configuran el mundo ideológico de su autor: Brau es un católico práctico al que Lidio Cruz Monclova califica entre los "más destacados feligreses"[184] y en política es un liberal.

---

[181] El título está tomado del mismo texto. La voz narradora expresa: "[...] la silueta del cadáver de *la pecadora* (sic) dejaba apenas adivinar en la penumbra su rigidez." Salvador Brau. *La vuelta al hogar* y *¿Pecadora?* (Editorial Edil: Río Piedras, 1975) 202. En adelante citaré por esta edición en el texto. La crítica en general se refiere al relato como *La pecadora*; sin embargo, la edición que trabajo –debido a las bastardillas del texto- la presenta con signos de interrogación eliminándole el artículo. La obra se publicó por vez primera como folletín en la *Revista Puertorriqueña de Literatura, Ciencias y Artes* en el 1887, tres años más tarde se edita en la Imprenta González de San Juan. Véase Cesáreo Rosa-Nieves. *Historia panorámica de la literatura puertorriqueña (1589-1959)* I (Editorial Campos: San Juan de Puerto Rico, 1963) 674, nota 1; Carmen Gómez Tejera. *La novela en Puerto Rico, apuntes para su historia* (Editorial de la Universidad de Puerto Rico: Río Piedras, 1947) 68-69.
[182] Josefina Rivera de Álvarez. *Diccionario de literatura puertorriqueña* 2-1 (Instituto de Cultura Puertorriqueña: San Juan de Puerto Rico, 1974) 251.
[183] Augusto Malaret. *Medallas de oro* (Editorial Orión: México, 1966) 65.
[184] Lidio Cruz Monclova. *Historia de Puerto Rico (siglo XIX)* II-2ª. Parte (Editorial de Universidad de Puerto Rico: Río Piedras, Puerto Rico, 1957) 858.

La trama resulta "una historia vulgar, repetida muchas veces".[185] Una joven campesina –Cocola- que trabaja como sirvienta en el pueblo satisface los caprichos sexuales del hijo de su ama. Al quedar embarazada la echan y debe volver al campo donde su primo, José María, la recoge y posteriormente vive en concubinato con ella al no poder casarse por la Iglesia, ya que carecen de medios económicos para sufragar los gastos de la dispensa de parentesco y la boda. Con esta sencilla trama el novelista presenta un problema muy extendido entonces, el de jóvenes campesinas que van a la ciudad a servir en casas de gente adinerada, donde generalmente son abusadas sexualmente por sus amos o los hijos de éstos, pero al quedar encinta pierden el trabajo, entonces deberán prostituirse para poder subsistir. Según explica Brau: "[...] la corrupción de esas pobres mujeres [campesinas] que, si no perecen en las garras del vicio, retornan a sus olvidadas campiñas, llevando en las entrañas un ser, que no podrá nunca sentir en su frente la sagrada impresión del beso paternal."[186]

Una lectura de sus ensayos[187] nos advierte que en esta novela se dramatizan los conceptos que aparecen expuestos en los mismos. En esencia son cuatro las ideas fundamentales: el concubinato, la educación de la mujer, la desgarradora pobreza de nuestro jíbaro y también deja entrever su visión sobre la política insular. La novela corresponde al movimiento realista, entonces en boga en Puerto Rico, pero como los personajes sustentan la tesis que el narrador defiende, Francisco Manrique Cabrera afirma que en el relato "[...] se perciben rasgos del pálido naturalismo que entre nosotros fructifica."[188]

En la narración apreciamos unos marcados contrastes que el autor utilizará para desarrollar la ideología en la novela, entre ellos: el de la figura del doctor y la del sacerdote, el del entierro de doña María del Socorro quien desamparó a la joven y el de Cocola, el del retrato del entonces Pontífice Pío IX y el de San Vicente de Paúl... Estos contrastes le permite al novelista sostener su tesis: La caridad está por encima de las leyes. Para ilustrar esto, véase como ejemplo la descripción de los cuadros que están en la casa parroquial: "Una

[185] C. Gómez Tejera, op. cit., 69.
[186] Salvador Brau. "La campesina". Ensayos (Disquisiciones sociológicas) (Editorial Edil: Río Piedras, 1972) 112. En adelante citaré por esta edición señalando sólo el título del ensayo.
[187] Principalmente en sus trabajos: "Las clases jornaleras" (1882), "La campesina" (1886) y "La herencia devota" (1887).
[188] Francisco Manrique Cabrera. Historia de la literatura puertorriqueña (Editorial: San Juan de Puerto Rico,) 164.

estampa iluminada con colores chillones, representando a Pío IX, ocupaba el promedio de uno de los tabiques laterales, dando frente a otra lámina en negro, representación de San Vicente de Paúl en el acto de recoger a varios niños abandonados, colocada en el tabique opuesto" (226).

Con esta simbología enfrenta la ostentación y el poder con la caridad. Para ello se vale no sólo de los colores que son importantes –brillantes uno, opaco el otro- sino que presenta al Papa reinante, la máxima jerarquía de la Iglesia, contrapuesto a un santo que se distinguió por auxiliar a los pobres y vivió la caridad en grado heroico. El énfasis de este símbolo en particular, pues, reside en la vivencia del amor al prójimo, representado por San Vicente de Paúl y se acentúa al estar cada uno de los retratos en lados opuestos.

El doctor Bueno es quien sostiene la idea. Este personaje que se parece física y moralmente a Jesús[189] le hace ver al sacerdote, padre Calendas, que la caridad y la misericordia están por encima de cualquier legislación. De hecho, el auxilio del doctor a José María cuando muere Escolástica –la Cocola del relato- remeda la parábola del Buen Samaritano que recoge San Lucas (10: 30-36), con lo cual se inicia la historia. Esto deja muy claro la base religiosa del texto que se confirmará con las constantes alusiones al Evangelio que se hace a través de la trama.

El general don Eulogio Despujol Dussay, Gobernador de Puerto Rico del 1878 al 1882, se quejaba que la familia campesina en la Isla carecía de moral porque los padres vivían en concubinato. Es pertinente destacar que esta práctica estaba muy extendida entre los pobres, a pesar de que el estado había legislado para evitarla y la Iglesia constantemente la combatía; también la censuraban, entre otros, escritores de la talla de José Pablo Morales, José Pérez Moris, Francisco del Valle Atiles, Martín Travieso y Salvador Brau.[190] De hecho, en la novela se explica la forma en que el gobierno velaba por esto. Según la voz narradora: "[...] conviene advertir que, en la época que comprende esta vulgar narración, el poder eclesiástico estaba autorizado para reclamar auxilio de las potestades gubernativas, con objeto de evitar y castigar las uniones sexuales no

---

[189] Además de los atributos morales, el novelista describe al doctor Bueno con un rostro similar al de Jesús: "El semblante de aquel hombre [el doctor] respiraba bondad y simpatía. Notábase, en aquellos rasgos fisonómicos, algo de lo que la tradición le atribuye al hijo del carpintero de Galilea: la misma fuerza de líneas; igual tinte de languidez melancólica; idéntica fuerza irresistible, atrayendo e inspirando respeto a la vez. Contribuía a hacer más sensible tal semejanza, la barba corrida, que prolongaba el óvalo correcto del rostro y el largo cabello castaño, que la nieve del tiempo comenzaba a emblanquecer." *Op. cit.,* 183
[190] Véase L. Cruz Monclova, *op. cit.,* 904-908, 909.

sancionadas por la Iglesia" (224). Y a continuación detalla todo el proceso (224-225). El doctor Bueno exclama: "¡El concubinato por todas partes! ¡Vicio capital!" (188). Por eso el padre Calendas desde el púlpito predicaba contra "[…] ese cáncer social, como solía llamarlo, destructor de la familia y de las buenas costumbres" (224).

En aquel tiempo prácticamente el único matrimonio reconocido era el religioso, debido a ello la Iglesia era renuente a casar a quienes sustentaban otras creencias. Por esta circunstancia, Manuel Fernández Juncos se quejaba que "[…] seguirá siendo privilegio exclusivo de los católicos el derecho de constituir legalmente una familia".[191] El problema residía en que las uniones matrimoniales se daban entre familiares, pues como en el campo se vivía muy aislado y casi siempre en núcleos de emparentados, lo común era que se casaran entre familias. Para autorizar dichos matrimonios se requería una dispensa de consanguinidad matrimonial del Obispo lo cual era obligatorio hasta el cuarto grado. Explica Brau como sociólogo:

> En país constituido como el nuestro, los vínculos de parentesco tienen que ser extensos entre las familias, trayendo, por consecuencia, los matrimonios consanguíneos. Estos matrimonios […] los obstaculiza la Iglesia, si bien autorizándolos mediante dispensa canónica. Como no todos pueden sufragar los derechos pecuniarios que esa dispensa reclama, las uniones ilícitas entre parientes alcanzan un tanto por ciento alzado […][192]

Como muy bien plantea este autor, el jíbaro carecía de los medios económicos necesarios no sólo para obtener la dispensa requerida, sino para sufragar los gastos de la boda. Según se aprecia en el relato, ellos estaban muy endeudados con los terratenientes. El doctor le explica al párroco que para un jornalero que sólo cuenta con su trabajo, le resultaba sumamente oneroso el casarse porque carecían hasta de lo imprescindible para sustentarse. Véase el siguiente diálogo:

> -Vivía con una prima hermana y necesitaba dispensa de parentesco para celebrar el matrimonio eclesiástico. Esa dispensa exige dinero.
> -No mucho.
> -Para un jornalero que no cuenta más que con su trabajo personal para subsistir, mucho es lo más insignificante (227).

---

[191] *Ibid.*, 863.
[192] S. Brau. "La campesina", *op. cit.*, 114.

Tratando de salir del estado paupérrimo en que estaban, muchos trabajadores caían en el vicio del juego. En aquel tiempo la principal riqueza de Puerto Rico estaba en la agricultura, pero los hacendados calificaban de vagos a sus peones. Sin embargo, Brau refuta esta aseveración y afirma que el problema reside en que están mal pagados. Presenta las estadísticas de los años 1864 al 1879 que demuestran cómo, gracias al trabajo de los campesinos, se había incrementado la riqueza del país.[193] No obstante, la explotación le ha hecho ver al jíbaro que no tiene forma alguna de redención social y entonces recurre al juego para paliar sus necesidades. Explica: "Es más; no vacilamos en decirlo: la afición al juego entre jornaleros quizás no hubiera alcanzado extraordinarias proporciones, si no hubiese brindado campo fecundo a la explotación."[194] Y a renglón seguido demuestra que quienes controlan el juego no son los campesinos.

El personaje José María le narra al doctor Bueno cómo fue endeudándose: "Dejé aquella finca donde no nos convenía seguir; me fui a otra, encontré trabajo, pedí un avance empeñando mi libreta, y con ese recurso me hice un ranchito, en los mismos terrenos de la hacienda donde me dieron arrimo" (194). Sin embargo, se da cuenta que jamás podrá librarse de la pobreza trabajando como siempre lo había hecho: "[...] me había desempeñado trabajando desde que vine al mundo" (197). Debido a ello, busca en el juego una forma de liberarse, pero reconoce su error: "¡Ay, señor! Por remediar aquel mal caí en otro peor. El demonio me tentó a probar el juego" (195). Pero no logra su objetivo, ya que: "Ni el naipe ni los gallos trajeron un real de más a mi haber; al contrario, hubo sábados que dejé todo el jornal en el mismo ventorrillo que había en la hacienda [...]" (196).

Los jíbaros, por consiguiente, vivían en una pobreza extrema y encima de lo cual endeudados con los terratenientes. La mayoría de las veces carecían de lo fundamental para poder subsistir. Esto resultaba ser un impedimento más grave todavía para las uniones matrimoniales. Sobre el particular nos dice Brau:

> Aparte de la consanguinidad, existe otro accidente generador de los enlaces ilícitos. La costumbre exige galas nupciales en el templo y abundantes manjares en las bodas, y mal puede adquirir galas la que muchas veces, sólo ha contado con harapos para encubrir su desnudez ni celebrar convites el que a duras penas

---

[193] S. Brau. "Las clases jornaleras", *op. cit.*, 41.
[194] *Ibid.*, 37.

habrá podido construir el desmantelado nido en donde beberá su prole guarecerse.[195]

Entre los campesinos, según explica nuestro autor, el vivir en concubinato era casi un matrimonio, ya que: "La pobre mujer que con aquel hombre comparte su miseria, sabe que es irregular el estado en que vive, pero esa convicción no aminora su voluntad, y tan obligada se juzga a respetar la honra del amante, como si a él le atase el vínculo del sacramento."[196] Desde el punto de vista social la mujer quedaba desamparada al no estar unida a un hombre, tal como sucede con Cocola. Si José María, su primo, no la hubiera recibido en su casa, ella no tendría otra alternativa que prostituirse para poder vivir. Consuela el doctor Bueno al dolorido jíbaro con las siguientes palabras: "El sacerdote que te negó la bendición nupcial, porque no tenías dinero con qué satisfacer los derechos de dispensa de parentesco, olvidó sin duda que esa parienta con quien deseabas casarte, la habías recogido del borde del precipicio [...]" Y más adelante le hace ver que su actuación fue correcta: "Podrías estar condenado a la reprobación de los hombres honrados, si hubieras abandonado a esa mujer a las consecuencias de su primera falta. Sobre tu conciencia podría pesar su depravación si la soledad y la miseria la hubiesen ofrecido, como único amparo, el comercio de sus atractivos. Otros serán los responsables de tu conducta" (199). Obsérvese que este autor, a través del doctor, insiste en que la misericordia está sobre la ley, igual que Jesús en el Evangelio.[197]

Brau es partidario de que se le ofrezca educación a la mujer para que pueda valerse por sí misma. De esta forma se podría evitar el concubinato, ya que ella no necesitaría prostituirse, sino dedicarse a sus hijos. Tan importante es esto que considera la educación de la mujer todavía más importante que la del hombre, porque: "Educando al hombre educamos al individuo; educando a la mujer, esto es a la madre, se educa a toda una generación".[198] De esta manera las casas se convierten en escuelas, porque la madre se encargaría de enseñar a sus hijos. En varios trabajos y en diversas circunstancias vuelve a insistir sobre esta idea, según advierte: "Ya en otra ocasión lo hemos consignado y hoy volvemos de nuevo a repetirlo: mientras

---

[195] S. Brau. "La campesina", op. cit., 114.

[196] Ibid., 115.

[197] Son múltiples las veces que Jesús insiste en esta idea. Véase, entre otros pasajes, Mateo 5:7; 9:10-13; 18:23-33; 23:23; Lucas 10:29-37; pero principalmente las parábolas de la misericordia, en Lucas 15: 1-32.

[198] S. Brau. "La campesina", op. cit., 113

no se eduque a la mujer proletaria de nuestro país, mientras no se realce su condición moral por medio de la instrucción; en tanto que no se abran nuevos horizontes a su espíritu, infundiéndole conciencia de su valor, en sus distintos caracteres de esposa y de madre [...]"[199]

Sostiene la tesis que si no se instruye a las mujeres no se podrá erradicar el concubinato entre la clase pobre, y para sustentarla recalca que en el censo anterior al año 1880, tan solo el 14.7 % de las mujeres sabían leer y escribir. Aplaude los esfuerzos del gobernador Despujol en favor de la educación,[200] pero entiende que los mismos no serán efectivos mientras permanezca "[...] en la ignorancia más absoluta, esa masa de población que vive diseminada por los campos."[201]

La crítica social no la hace contra el sacerdote ni la Iglesia, sino contra la legislación existente. Por eso el doctor comprende la actitud del párroco por no casar a Cocola con su primo: "No pretendo acusar al cura, que está sometido a los preceptos disciplinarios que le dictan sus superiores [...]" (199); tampoco por negarse a recibir el cadáver de la pobre campesina en la Iglesia para las honras fúnebres. Opina sobre el particular: "Se trata de una orden dictada por la autoridad eclesiástica. ¿Puede dictarla? Pues acatémosla, y expongamos las razones necesarias para obtener que se modifique" (219). Entonces el doctor intercede por Cocola y sus familiares ante el sacerdote a fin de cumplir con una de las obras de misericordia: enterrar a los muertos.[202] Es un cristianismo práctico, no de teoría, lo que se propone en el texto. O sea, una caridad en función del necesitado.

En su trabajo "La herencia devota", Brau analiza el papel de la religión en la vida personal. Combate la superstición e insiste en la importancia de ilustrarse en la fe. Considera que en una serie de prácticas religiosas como las fiestas patronales, los rosarios de la cruz de mayo y otras similares, se carece de una auténtica devoción. Insiste en que la religión se debe traducir en una vivencia de la caridad. Explica: "La doctrina del Evangelio es profundamente humana, aspira a la fraternidad social por medio del ejercicio de la caridad y esta virtud no carece de límites en nuestro pueblo."[203]

---

[199] S. Brau. "Las clases jornaleras", *op. cit.,* 32

[200] Véase L. Cruz Monclova, *op. cit.,* 396-600, 842-848.

[201] S. Brau. "La campesina", *op. cit.,* 117.

[202] "Las obras de misericordia son acciones caritativas mediante las cuales ayudamos a nuestro prójimo en sus necesidades espirituales y corporales."*Catecismo de la Iglesia Católica,* 2447.

[203] S. Brau. "La herencia devota", *op. cit.,* 143.

Entiende que la hospitalidad de nuestros jíbaros es testimonio de esa caridad cristiana,[204] pero el problema estriba en que la acción moralizadora de la Iglesia no llega a todos por la manera irregular en que están diseminados los vecindarios en la Isla. Esto ha hecho que las masas hayan confundido los "[...] sanos principios del cristianismo con una superstición vecina a la idolatría."[205] Vuelve a insistir en que la educación resulta fundamental para corregir estas desviaciones.

En el relato se hace ver que quienes se oponían al concubinato lo practicaban a escondidas, con lo cual se manifiesta la doble moralidad social existente. Por un lado los ricos con sus concubinas, ostentando moralidad ante la gente, por otro el pobre que vive con una sola mujer a quien considera su verdadera esposa, estigmatizado como inmoral por no estar casado. El personaje Robustiano lo dice bien claro ante el boato del funeral de Doña María del Socorro: "Lo que yo llamo pecaminoso es despachar a los parroquianos con dos medidas. De seguro que, si se tratase de la querida de un jornalero, ni las puertas del cementerio le abrían, pero como hay *unto de Méjico*... Por dinero baila el can y salmodia el sacristán" (209-210).

De hecho, el Comisario encargado de hacer valer las disposiciones del gobierno sobre la familia y la moralidad le propuso a Cocola que fuera su amante, pero al negarse ésta, la amenazó con aplicarle la ley (200). Mientras, la tal doña María del Socorro, a quien el pueblo llamaba Mariquita la Paloma porque había tenido "[...] cinco hijos y ninguno conoce a su padre" (209), como era la amante de don Blas Redondo, el mayordomo de fábrica de la parroquia,[206] se le celebra una ceremonia fastuosa. Además, el sacerdote que debía velar por la moralidad de la grey y predicaba en contra del concubinato resulta ser el padre de los hijos de Remedios. Por esta razón Rivera de Álvarez califica esta novela de "[...] una historia dolorosa de intransigencia religiosa y social."[207]

La figura del sacerdote se fundamenta en la afirmación de un católico conservador, José Pérez Moris, quien analizando las causas del movimiento separatista en Cuba y Puerto Rico incluye al clero entre ellas. Explica este autor:

---

[204] Véase *Ibid.*, 144-145.
[205] S. Brau. "Las clases jornaleras", *op. cit.*, 32.
[206] Era el que administraba el depósito de las rentas de la Iglesia para el mantenimiento de las mismas.
[207] J. Rivera de Álvarez, *op. cit.*, 251.

Si no se olvidan las lecciones de la historia, si se tiene presente que no solamente el presbítero Hidalgo, sino también Morelos, Matamoros, Torres y otros ministros del altar revolucionaron y acaudillaron las masas inconscientes contra España, se vendrá en conocimiento de que el clero parroquial de las Antillas debe ser objeto muy preferido de atención por parte de las autoridades. En Puerto Rico son muchos los curas conocidamente afiliados al partido reformista, a esa organización en que se esconden bajo el manto de la libertad todos los laborantes de la Isla.

Y a continuación presenta su visión del sacerdote que ha descrito:

Además, doloroso es decirlo, pero tanto en Cuba como en esta Isla, son muchos los curas que viven una vida poco moral y que frecuentan lo mismo las casas de juego que los clubs políticos.[208]

No obstante, Brau valora la religión y tiene en alta estima al sacerdote; de hecho, resalta las cualidades que debe tener el clero, pues éste tiene gran ascendencia sobre las masas para lograr la moralización de las mismas. Nos dice: "Nadie está llamado a ejercer mayor influjo sobre los sentimientos morales de nuestras clases proletarias, que el respetable clero parroquial de toda la Isla." Y a continuación ofrece un retrato de lo que él considera debe ser el sacerdote, el cual resulta todo lo contrario al padre Calendas.[209] Recalca que en su vida él ha sido ayudado por sacerdotes: "Nosotros nos hemos honrado con la cariñosa amistad y los saludables consejos de algunos de esos respetables pastores; pero por sensible que parezca, fuerza es decirlo: no todo el clero parroquial se ha colocado siempre en nuestro país a tan elevada altura."[210] Según se puede apreciar, valora la labor sacerdotal entre la gente, pero le preocupa que el esfuerzo moralizador de la Iglesia no llegue a todas las clases sociales:

[...] no nos anima prevención de ninguna especie contra los ministros de una religión, cuyas sacrosantas máximas nos inculcaron los amorosos labios maternos, y cuyos principios, intactos pretendemos transmitir, como piadosa herencia, a nuestros hijos; pero lo mismo que veneramos esa religión y comprendemos la alteza de su doctrina, no podemos parecer indiferentes ante el peligro en que la colocan algunos de aquellos que están llamados a realzarla y defenderla.[211]

---

[208] José Pérez Moris. *Historia de la insurrección de Lares* (Editorial Edil: Río Piedras, 1975) 249.
[209] Dice Salvador Brau: "Un sacerdote morigerado, caritativo, benévolo, un padre, en fin, de sus feligreses, que les inculque, más con sus hechos que con sus predicaciones, todo el espíritu de la doctrina evangélica [...]" "Las clases jornaleras", *op. cit.*, 31.
[210] *Ibid.*, 31
[211] S. Brau. "Las clases jornaleras", *op. cit.*, 31-32.

En el texto también afloran las ideas políticas de Brau. El doctor Bueno le hace ver al sacerdote que según el Concordato que regía en Puerto Rico entre la Iglesia y el Estado, sólo se podían excluir de las exequias del rito católico, además de los suicidas, a quienes hubiesen abjurado públicamente del catolicismo, no a las personas que vivieran en concubinato. Pero el sacerdote despacha el señalamiento legalista, diciéndole que la Isla se gobierna por leyes especiales (232). Precisamente ésta fue una de las constantes luchas de los liberales, el que se aplicaran a Puerto Rico todos los artículos de la constitución española, porque aquí el gobierno se regía por leyes particulares. Durante todo el siglo XIX se entabla una lucha en la Península para poner en vigor una constitución. Sucesivamente se aprueban las de los años 1812, 1837, 1869 y 1876, las cuales estarán vigentes según la voluntad del ejército, que en realidad resultaba el sostén de la monarquía. Sin embargo, en las provincias ultramarinas sólo se aplicaban aquellos artículos constitucionales que el gobierno consideraba apropiados, y para sustituirlos se recurría a "leyes especiales" que dependían del poder omnímodo de los gobernadores de turno.[212]

Para recalcar más su sentido de religiosidad, la novela concluye con las palabras de Jesús a la mujer adúltera que San Juan recoge en su evangelio (8: 7): "El que de vosotros esté sin pecado tire la primera piedra" (238). De esta forma Brau nos deja un valioso relato que propugna una religiosidad fundamentada en la misericordia y el perdón, la cual considera muy importante para la educación de las grandes masas en Puerto Rico.

LOVEIRA: UNA SOCIEDAD INMORAL

Durante el mandato del Presidente Mario García Menocal (1913-1921) se presentó legislación ante el Congreso para aprobar el divorcio en Cuba. Esto se consideró, entonces, uno de los proyectos de leyes civiles más radicales, teniendo en cuenta que gobernaba un partido conservador. Sin duda alguna fue uno de los temas más polémicos de ese tiempo. En la discusión de esta controvertible medida legislativa se suscitaron acaloradas discusiones en todos los niveles y por todos los medios. Como era de esperarse, la Iglesia

---

[212] Véase María Asunción García Ochoa. *La política española en Puerto Rico durante el siglo XIX* (Editorial de la Universidad de Puerto Rico: Río Piedras, 1982) 2-18.

también se opuso tenazmente a esta legislación que finalmente se aprobó.[213]

Un desconocido autor sometió el manuscrito de una novela a la Editorial de la prestigiosa revista *Cuba Contemporánea* para su publicación. De esta forma sale a la luz *Los inmorales* de Carlos Loveira, quien se había distinguido como un sindicalista de arraigadas ideas socialistas que había participado en luchas y organizaciones obreras.[214] También había escrito múltiples artículos sobre obrerismo y otros temas sociales en innumerables periódicos y revistas de todo el continente americano, pero esta narración sería la primera novela[215] de quien se considera "[...] el mejor novelista del período, cuyas obras [...] constituyen agudas denuncias de la realidad política y social del país."[216]

Con esta obra el autor une su voz a la discusión suscitada por el referido proyecto de ley. Resulta un alegato a favor de que se apruebe dicha legislación. Por tal razón, el propio autor califica su obra como una novela de tesis. Indica sobre el particular: "Escribí mi primera novela por necesidad de la propaganda socialista. *Los inmorales* (1919) tenían por objeto secundar la campaña pro divorcio en Cuba."[217] Miguel A. Martínez lo explica con más detenimiento:

> Cuando vuelve a Cuba en 1918, encuentra al país sumido en una violenta controversia sobre el divorcio. Las fuerzas están alineadas: los liberales, en su mayoría, favorecen la legislación pro-divorcista presentada en la Cámara de Representantes, mientras que la mayor parte de los conservadores la repudian. La prensa se hace eco de la cuestión. Y el recién llegado se halla con una nueva causa a la que dedicarse. Como en ese momento

---

[213] Véase Emeterio S. Santovenia y Raúl M. Shelton. *Cuba y su historia* III (Cuba Corporation, Inc.: Miami, Florida, 1966) 45; Calixto C. Masó. *Historia de Cuba* (Ediciones Universal: Miami, Florida, 1976) 493; Rafael Esténger. *Sincera historia de Cuba (1492-1973)* (Editorial Bedout S.A.: Medellín, Colombia, 1974) 162; Salvador Bueno. *Historia de la literatura cubana* (Editora del Ministerio de Educación: La Habana, 1963) 360.

[214] En un estudio sobre sus novelas que el propio Loveira elogió, afirma el destacado intelectual cubano Arturo Montoro sobre el socialismo de este novelista: "Concibe la posibilidad de una transformación social mediante un proceso de lenta pero firme evolución, que conserve para las generaciones herederas el tesoro de la organización material, acumulada por el esfuerzo humano durante muchos siglos, sin sacrificar ninguna generación en el cataclismo revolucionario que ha de volcar al régimen económico-social." Citado por Carlos Ripoll. "Estudio Preliminar", Carlos Loveira. *Juan Criollo* (Las Américas Publishing Co.: New York, 1964) ix, nota 4.

[215] Max Henríquez Ureña. *Panorama histórico de la literatura cubana (1492-1952)* II (Ediciones Mirador: San Juan, 1963) 341. Las otras son: *Generales y doctores* (1920), *Los Ciegos* (1922), *La última lección* (1924) y *Juan Criollo* (1927).

[216] José Antonio Portuondo. *El contenido social de la literatura cubana* (Jornadas 21: El Colegio de México, Centro de Estudios Sociales) 60.

[217] Citado por Carlos Ripoll, *op. cit.*, ix.

trabaja en un Ministerio, su contribución al movimiento no puede ser más que literaria.[218]

La ley de divorcio fue aprobada unos meses antes de la publicación de la novela, pero esto no fue impedimento para que la obra sirviera de reflexión a la sociedad cubana de ese tiempo, porque también tiene como objetivo "[...] atacar las hipocresías sociales de una sociedad caracterizada por la rigidez, y la estrechez mental."[219] Se convirtió en: "Una de las novelas más humanas que se han escrito, y en ella sangra el corazón con rojas y densas gotas, cada una de las cuales denuncia los estertores morales de una sociedad desequilibrada por la hipocresía y el rencor."[220]

Los escritores de la primera generación republicana, a la cual pertenece Loveira, están signados por la desilusión de ver entronizado en el gobierno la corrupción, el nepotismo, la dejadez y la ingerencia estadounidense mediante la Enmienda Platt, todo lo cual estaba muy lejos de ser la patria soñada por Martí. Por esta razón José Antonio Portuondo afirma que en estos escritores "[...] la amargura ante el desorden social y administrativo se impone con tal fuerza que anula la esperanza y el propósito de un gesto superador."[221]

No debe extrañarnos, pues, que los narradores de esta generación se orientaran hacia un naturalismo tardío siguiendo la línea francesa. De hecho, Arturo Torres-Ríoseco estima que: "De todos los escritores hispanoamericanos, Loveira es quizás el que más se acerca a Zola [...]"[222] Como consecuencia de esto, Ripoll considera que: "[...] sus obras ofrecen con tanto relieve los excesos de la escuela naturalista."[223] Esta corriente literaria busca analizar las circunstancias del individuo y la sociedad para encontrar en ellos los orígenes de los problemas bajo estudio. Los escritores cubanos están interesados en hallar las causas de los trastornos que aquejan

---

[218] Miguel A. Martínez. "Causa, tesis y tema en la novela de Carlos Loveira", *Hispania* (Volume 54, Num 1, March 1970) 74.

[219] Sarah Marqués. *Arte y sociedad en las novelas de Carlos Loveira* (Ediciones Universal: Miami, Florida, 1977) 85-86.

[220] Juan J. Remo y Rubio. *Historia de la literatura cubana* III (Nemosyne Publishing Co., Inc.: Miami, Florida, 1969) 303.

[221] J. A. Portuondo, *op. cit.*, 60.

[222] Arturo Torres-Ríoseco. *Nueva historia de la gran literatura iberoamericana* (Emecé Editores: Buenos Aires, 1960) 181.

[223] C. Ripoll, *op. cit.*, xv. Véase M. Henríquez Ureña, *op. cit.*, 336; S. Marqués, *op. cit.*, 81. Luis Alberto Sánchez afirma que: "Carlos Loveira oscila entre el craso naturalismo y psicologismo bourguetiano". Entiende que él y otros novelistas cubanos "[...] practican un naturalismo espontáneo, adecuado a sus temas, inexorablemente rudos y amargos." *Proceso y contenido de la novela hispano-americana* (Editorial Gredos, S.A.: Madrid, 1968) 159, 245.

a la incipiente república, por tal motivo los narradores acuden al método naturalista como el vehículo más idóneo para ello.

Los naturalistas estudiaron la herencia y el ambiente para avalar las tesis que sostenían. Sin embargo, más que a la herencia, Loveira le da preeminencia al ambiente en su análisis social, el cual generalmente aparecerá en primer plano, para demostrar cómo el mismo imposibilita el desarrollo del ser humano. A base de la técnica del claroscuro acentúa lo negativo, de aquí el pesimismo existencial en sus personajes.

Elena y Jacinto, las principales figuras novelescas, vivieron el infortunio de una pobreza e indignidad semejante a un infierno, en palabras de éste: "Sin que tuviésemos nosotros la más leve culpa de ello, nuestra infancia y nuestra juventud transcurrieron en medio de la mayor miseria material, y carentes, por lo mismo, de todo cultivo de la inteligencia, de toda enseñanza moral."[224] El mal, por consiguiente, no reside en la persona, sino en el ambiente en que han vivido. El novelista insiste en hacerle ver al lector la hostilidad del medio para lograr el desarrollo humano. Anteriormente el personaje se había embarcado hacia Guantánamo "[...] así se cumplía [en él], dócil como todo ser humano, las fatales disposiciones de la vida" (139). Y cuando ella decide irse de la casa le hace ver a su madre que no hay salida alguna para sus vidas, porque las circunstancias fatalmente han tronchado sus aspiraciones vitales:

> No veo más solución para mí. Para ustedes no hay otra que la que ya te he dicho cien veces: Esperanza, la pobre, todo tendrá que superarlo hasta que, casada o como pueda, salga de esta miseria moral y material. Los muchachos, por el estilo, y tú eres un caso perdido. Por tu carácter irresoluto, sumiso: pues... ya lo sabes, sólo con la muerte hallarás término a tu calvario (149).

Todo se confabula para negarles la felicidad a estos amantes; como consecuencia de ello, Portuondo opina que en la obra de Loveira se describe "[...] la decadencia social de su patria como un proceso de incurable degeneración [...]"[225] Nuestro autor, pues, nos deja un texto donde analiza lo que él entiende son los males de la sociedad cubana de ese tiempo que en esencia se podrían reducir a tres: la descomposición tanto social como gubernamental, el daño de las religiones en la sociedad y la explotación de las clases

---

[224] Carlos Loveira. *Los inmorales* (Editorial de Arte y Literatura: La Habana, 1976) 251. En adelante citaré por esta edición en el texto.
[225] J. A. Portuondo, *op. cit.,* 60.

trabajadoras.[226] Una lectura de su narrativa se aprecia que dichos temas estarán presentes en toda su obra literaria y también periodística.

La visión del mundo de Loveira es la de un obrero, porque primero se considera trabajador y escritor después. De aquí su plena identificación con el personaje Jacinto Estébanez, y éste último "[...] estaba muy pagado a su condición de obrero [...]" (37), al punto que confiesa: "Prefiero, mil veces, mi condición de obrero, de útil abeja de la colmena común, a la de muchos alabarderos [...]" (18). De hecho, a simple vista nos percatamos que en cierta medida nuestro autor noveliza su propia vida, ya que el protagonista vive mucho de ella,[227] lo cual le hace afirmar a Ripoll que este autor "[...] casi exageradamente incluye el elemento biográfico en la trama de la ficción."[228]

El encuentro de Jacinto Estébanez y Elena Blanco en el hotel El Louvre en Santiago de Cuba cambió drásticamente sus vidas. Ambos están casados, cada cual lo ha hecho debido a unas circunstancias muy particulares en las que no existía un amor verdadero. El novelista detalla este hecho con minuciosidad (67-72, 82-95) para resaltar el amor que ahora se suscita entre ellos. Frente al mismo, contrasta el caso del personaje Matilde quien narra su propia historia y concluye: "Muchos matrimonios no son más que ventas que se hacen por una bendición o por una firma; en cambio, muchos que no son casados no se han vendido nunca; pero sí se han entregado al hombre que han querido de veras" (217).

De esta forma ha enfrentado dos realidades, según el novelista entiende, que las hipocresías sociales ocultan. Elena tiene un ideal de esposo que no cuadra con la persona con quien ella se ha casado (88, 177). A pesar de ser con un joven que pronto se graduará de médico en una universidad de Filadelfia, lo cual es indicativo de la holgada posición económica familiar, ella no es feliz, pues existían marcadas diferencias entre ambos (101), por tal razón, ella entiende

---

[226] Miguel A. Martínez considera que en toda la novelística de Loveira se concentra en "[...] un solo *tema fundamental*: el ataque contra la hipocresía de la moral convencional dominante en la sociedad burguesa y la paralela exaltación de los valores inmanentes de la persona humana [...]" *Op. cit.*, 74.
[227] Según explica Sarah Marqués: "Se reconoce que Loveira tomó de la realidad inmediata la documentación que usó en sus novelas. En una entrevista declaró que su experiencia como filibustero le sirvió para escribir dos capítulos de *Generales y doctores*. Su participación en la huelga ferrocarrilera de Sagua la Grande en 1909 la utilizó para novelar la huelga obrera que dirige Jacinto en *Los inmorales*. Además muchos datos biográficos relacionados con su niñez fueron igualmente usados en *Juan Criollo* y en *Generales y doctores*." *Op. cit.*, 75.
[228] C. Ripoll, *op. cit.*, xii.

que estaba moralmente divorciada de su esposo (40, 78-79, 100), como Jacinto también lo está de su esposa. Reflexiona la joven:

> Me gusta Jacinto; su talento, sus ideas, su conversación, su figura; todo él. Es éste, de un modo indudable, la primera vez que me enamoro de veras. Él es el único hombre con quien podría querer con todas las fuerzas de mis sentimientos. Es un mal, del que no me considero culpable en lo absoluto, ese de que le haya conocido después de casada (106).

En fin, "[...] ella se había enamorado del joven obrero tanto como éste demostró haberse enamorado de ella en aquel día del domingo [...]" (105).

Frente a la farsa matrimonial de ambos, se resalta la armonía entre los amantes. Jacinto y Elena tenían mucho en común, su forma de ver la vida, su independencia de criterio, su pasión por los libros, al punto que se asombraban de "[...] aquella armonía, en el modo de ver las cosas [...]" (33). En fin, coincidían hasta en criticar "[...] las mentiras convencionales de la civilización" (33). Al fin deciden afrontar todos los obstáculos y escapan juntos a Panamá donde comienzan una nueva vida.

Pese a que Jacinto y Elena daban ejemplo de cómo debería ser la vida en un hogar, ya que estaban en una constante luna de miel (276), cada vez que se descubre que vivían en concubinato, todas las puertas se les cerraban. Esto le hace exclamar desilusionado a Jacinto: "A causa de las leyes y de las costumbres, en pugna con las realidades de la vida, mi país, de este país, de todos los países de ambiente saturado por la hipocresía católica, no he podido divorciarme francamente, sinceramente, por medio de los tribunales [...]" (234).

En la figura del personaje don Saturnino, el novelista ejemplifica la hipocresía moral y religiosa. Lo describe como una persona modelo de moralidad ante la sociedad, "[...] buen hombre, diligente, caritativo, de muy dulce y simpático trato. Él, su cuñada, sus hijas, su mujer, eran todos católicos a macha martillo [...]" (204), pero que había amasado su fortuna con las desgracias de los demás y tiene "[...] media docena de mulaticos con una mestiza de francés y haitiana." (203). Para acentuar más los rasgos negativos de este personaje indica que peleó contra los propios cubanos durante la guerra de independencia. Precisamente este "dechado" de virtudes sociales y religiosas trató que Elena fuera su amante y ante la negativa de ella (218-222) sostiene un altercado con Jacinto y logra que éste vaya a la cárcel. Según el novelista, esto sucede porque en la sociedad burguesa se ha entronizado una moral impuesta por la religión y las personas hipócritas son quienes dictan el comportamiento social, asimismo en ella todo se vende, hasta la justicia.

Recuérdese que junto al periodista catalán Baltasar Pagés, Loveira fundó la revista anticlerical *Cauterios*, y tras un incidente con dos sacerdotes, decide irse a vivir a Yucatán.[229] Esto queda reseñado en la novela, según la cual en Panamá existía un periódico español "[...] como el de casi toda capital hispanoamericana [... que] vivía explotando los prejuicios de religión y raza de sus compatriotas aldeanos, por millones esparcidos y aburguesados en nuestro continente" (272). En sus páginas aparecieron una serie de artículos en los que se atacaba a Jacinto, los mismos aparecían firmados por un tal Job, el seudónimo empleado por el sacerdote que criticaba a nuestro personaje. Explica la voz narradora: "El cura que se las veía con Jacinto, era vasco, importado por el arzobispado para encauzar el movimiento obrero del país hacia el paradójico socialismo cristiano[230], del cual era un 'experto' el sotana" (272). Como consecuencia de esta discusión pública en la prensa, Jacinto deberá irse para apaciguar la opinión pública.

Esta actitud corresponde a la posición ideológica del autor, en la cual se manifiesta su "[...] odio antirreligioso; toda su pasión de ateo activo", según explica Miguel A. Martínez:

> Movido por su anticlericalismo radical, Loveira presentó siempre al sacerdote con los más oscuros trazos. Los curas son siempre hipócritas, ignorantes y hasta corrompidos sexuales. Los curas de Loveira tienen muy poco, diríase que nada de religiosos. Aparecen sistemáticamente como meros soportes del sistema social imperante. Nunca son cubanos. Siempre son agentes de las fuerzas retardatarias y antinacionales. Los retratos no pueden ser más crueles.[231]

Nuestro autor considera a la iglesia enemiga del progreso. Durante la huelga ferroviaria que se desarrolla en la novela, nos dice: En la ciudad de Camagüey "[...] el humo del carbón de piedra, en

---

[229] Instituto de Literatura y Lingüística de la Academia de Artes y Ciencias de Cuba. *Diccionario de la literatura cubana* I (Editorial Letras Cubanas: La Habana, 1980) 515-518.

[230] El autor alude a la doctrina social católica que empieza a fraguarse en el último tercio del siglo XIX como consecuencia del liberalismo, el capitalismo y el progreso industrial. El Papa León XIII firma el 13 de mayo de 1891 la *Rerum Novarum*, la primera gran encíclica social.

[231] Miguel A. Martínez. "Los personajes secundarios en las novelas de Carlos Loveira", *Hispania* (Vol. 54, Núm. 4, December 1973) 1033-1034. En la nota 15 de este trabajo, añade este crítico: "Para Loveira la religión, toda religión, tiene mucho de convencional y por lo tanto de hipócrita. Su crítica comprende no sólo el catolicismo, sino también las religiones protestantes."

ofrenda al dios del Progreso y la Civilización, sustituye el incienso enervante de las iglesias, elevado a la gloria de un dios desconocido." (114). La Iglesia también es enemiga de los trabajadores, pues los burgueses consideraban que las ideas de reivindicaciones obreras no podrían "[...] aclimatarse en la vieja ciudad, [Camagüey] protegida por la santa influencia de sus numerosos y seculares templos [...los cuales] sólo pueden arraigar en pueblos impíamente civilizados [...]" (115).[232] En fin, la Iglesia sólo ofrece como recompensa el cielo. (284)

Jacinto y Elena pensaban por ellos mismos, por eso se enfrentaban a las costumbres morales y sociales "[...] dejadas en las mayorías estúpidas por el catolicismo antihumano que nos legó España, y que más o menos visiblemente, señorea las conciencias en nuestros países americanos de habla castellana [...]" (189). Ellos "[...] tienen que vivir en países en los cuales, por lastre religioso, el divorcio no existe, o si existe es nulo, por la fuerza de los prejuicios" (193).

Carlos Ripoll entiende que esta ideología corresponde muy concretamente no sólo a las circunstancias personales del novelista, sino muy concretamente al momento que vive la sociedad cubana de ese tiempo:

> Entonces Cuba y mucho de sus mejores hombres se embriagaron en el más crudo positivismo generador de ideas antiespiritualistas y utilitarias. Era la infortunada consecuencia de coincidir en el mismo momento histórico la limitación de la Independencia, la limitación de sus hombres y la limitación de su pensamiento: la soberanía, la política y la filosofía estuvieron así, inevitablemente, alejadas de las necesidades del país.[233]

Al final de la novela, el personaje Caín Romero con gran cinismo le hace ver a Jacinto que el divorcio no es la inmoralidad más grande del país y le muestra a un comerciante gallego, a un ex fiscal, a los revendedores de billetes, a un inspector de la policía y a un congresista para hacerle ver que todos los estamentos de la sociedad están corrompidos (302-304). Sin embargo, los ricos pueden ser inmorales porque lo compran todo (301), ya que en la sociedad "[...] el dinero es virtud todopoderosa [...]" (86).

Considera Loveira que quienes llevan el peso de la sociedad son los obreros, mientras los burgueses y políticos los explotan. En

---

[232] Resulta oportuno recalcar que la ciudad de Camagüey se distingue porque tiene numerosas iglesias.
[233] C. Ripoll, *op. cit.*, xxvi.

realidad enfrenta dos tipos de cubanos: los que trabajan en la construcción de la república –los obreros juegan un importante papel en esto- y los que viven de los demás, los testaferros de "generales y doctores" que dependen de los vaivenes políticos. Aspecto que trabajará con más detenimiento en sus novelas *Generales y doctores* y *Juan Criollo*. Dice Jacinto:

> [...] la virtud del trabajo, que acabaría con la degeneración física que da tanto medio hombre como pulula por ahí, por nuestras ciudades, y que salvaría a tantos "intelectuales" depauperados, de la especie de los presupuestívoros, que dan razón de ser a nuestra vesánica y ya alarmante desmoralización político-moral (18-19).

Durante su vida, nuestro novelista participó en congresos internacionales sobre obrerismo y trabajó en varios países hispanoamericanos. Conocía, por consiguiente, la situación laboral no sólo de Cuba, sino del extranjero. Por eso aprovecha la trama novelesca para resaltar cómo la sociedad oprimía al trabajador. Por ejemplo, en Lima, según expresa Jacinto Estébanez, el movimiento obrero estaba: "[...] opiado por la resignación cristiana, [...] castrado por la influencia clerical, [...con] gremios bajo la advocación de un fetiche cualquiera, [...] comparsa de carnaval político de partidos y gobernantes aristócratas, reaccionarios" (277). El mismo era:

> [...] feudo de curas, frailes y monjas de todas las especies, colores y denominaciones, no se conseguía un sueldo de tal monta [ciento cincuenta dólares] sino a fuerza de antesalas, adulaciones, de seguir un escalafón de años enteros, de resistir misas, rosarios y comuniones, de cargar santos y velas en las callejeras mojigangas clericales (277).

En Antofagasta, "como socialista culto y sincero, sufría viendo los fracasos, las persecuciones, las matanzas al por mayor, de que eran víctima los obreros" (276).

El novelista propone como tesis instaurar en la sociedad la moral socialista para liberar al ser humano de las trabas que se les imponen a hombres y mujeres haciéndolos infelices con las mismas. Le pide al pueblo que se rebele para lograr una sociedad libre de hipocresías y convencionalismos y de esta forma el individuo pueda lograr su pleno desarrollo. El ambiente, pues, controlado por religiosos y burgueses resulta el mayor obstáculo para el crecimiento humano y se confabula para esclavizarlo.

CONCLUSIÓN

Loveira con un naturalismo tardío y Brau con un incipiente naturalismo persiguen un mismo fin: hacer una radiografía de la sociedad de su tiempo para corregir los males que denuncian. Los títulos de ambas novelas poseen una gran carga de ironía y en ellos se plantean las tesis sostenidas en las mismas, pues ni Cocola resulta ser *la pecadora*, ni Elena y Jacinto *los inmorales*. En la mente del lector queda bien patente que la sociedad es la que merece tales calificativos.

No cabe duda que a través de situaciones diferentes en estos textos se descubre la explotación del campesino en el puertorriqueño y la del obrero en el cubano, pero coinciden en el enfrentamiento social que existe entre pobres y ricos. Los protagonistas principales van a la cárcel porque la justicia, como otras tantas cosas de la sociedad, se vende al poderoso. Si bien Brau valora la fe y el fundamento religioso como elemento primordial en la sociedad, Loveira lo cataloga de retardatario, ya que resulta un obstáculo para lograr el desarrollo social.

La visión que tienen los novelistas de la realidad de sus respectivos países es científica, más en Loveira que en Brau. El arte se transforma en ciencia porque el artista resulta el investigador de unos hechos que entiende atentan contra lo que debería ser el país. En esencia plantean que existe un profundo abismo entre lo que era la sociedad de entonces y lo que debería ser. Esta sociedad, en cierta medida, resulta estática y retrógrada, porque está dominada por las fuerzas conservadoras; por consiguiente, debería liberarse de la modorra existente entre los ciudadanos con las fuerzas del liberalismo político, a fin de proyectarse hacia el futuro.

En cierto sentido ambas novelas presentan el devenir social de Cuba y de Puerto Rico, ya que se advierte que aún les falta *por ser* lo que estos países deberían ser. En cierto sentido el mensaje se dirige más que al presente, al porvenir, a lo que *debe ser*. Como indica Luckás, la épica presenta un mundo cerrado, mientras la novela un mundo que se está haciendo o está por hacerse. Por tal razón, nuestros autores, que son fundamentalmente ensayistas, ahora escogen la novela para hacer sus denuncias.

Estos novelistas estaban conscientes de que debían ir más allá de la literatura. Por eso Brau, a través de la política liberal y Loveira mediante la organización de gremios obreros para luchar por los derechos de los mismos, pretenden establecer un orden social diferente al que existía. Uno podrá estar o no de acuerdo con las ideas expuestas por estos dos escritores antillanos, sin embargo, hay que reconocer su esfuerzo por la instauración de una realidad social más justa y humana.

EL MODERNISMO Y DOS PUBLICACIONES CLAVES EN LAS LETRAS ANTILLANAS: *CUBA CONTEMPORÁNEA* Y *REVISTA DE LAS ANTILLAS**

> *El Modernismo es a la vez prolongación*
> *y rectificación del Romanticismo [...]*
>
> Raimundo Lazo
>
> *Los periódicos y revistas no sólo recogen*
> *nuestro diario vivir sino, más importante*
> *aún, nuestra manera de pensar.*
>
> Enrique A. Laguerre

A Susi y María T.,
queridas colegas y compatriotas

Hispanoamérica es el resultado de la compleja síntesis de lo aborigen, lo hispánico y lo africano, enmarcado esto en los procesos histórico-políticos de esta veintena de pueblos ubicados en los más disímiles ambientes geográficos que integran "nuestra América". De aquí que cuando se quiere hacer una conceptualización de este continente como totalidad, se deben sortear numerosos escollos para ello y no pocos han zozobrado en este intento, porque no han tenido en cuenta que el mestizaje representa el rasgo común más significativo que caracteriza la cultura iberoamericana.

La toma de conciencia de los pueblos latinoamericanos adquiere una significativa importancia con su independencia política en el siglo XIX. Este hecho tendrá repercusiones en todos los órdenes continentales, de manera especial en el ontológico y el epistemológico que buscarán los medios de traducir la identidad nacional en el vivir colectivo y la manera en que se realizaría la forja de la conciencia nacional. Si esto sucedió en las recién inauguradas repúblicas, mayor urgencia aún tendrían en Cuba y Puerto Rico que todavía permanecían bajo el dominio del gobierno español.

De aquí que los movimientos literarios en América busquen unos modos expresivos "para ser", contrario a los de Europa que lo hacen más bien para oponerse a unos cánones estéticos. Para nuestro continente el origen y el desarrollo del modernismo marca un hito en las corrientes literarias hispánicas, pues significó sacudir la rémora de la hegemonía cultural europea que persistía tras la independencia política. Es el punto culminante en un proceso de autonomía cultural, que algunos críticos han llamado de "madurez literaria".[234]   El modernismo es el último de los grandes movimientos de nuestras letras y constituye, sin duda alguna, una de las aportaciones más significativas de Iberoamérica. Para José Luis Martínez revela "[...] la unidad y originalidad de las letras de esta parte del mundo".[235]

No nos extraña que el modernismo haya nacido bajo la influencia francesa,[236] pues los intelectuales hispanoamericanos vieron en las letras inglesas y francesas, particularmente en ésta última, sus modelos preferidos.   Sin embargo, con el tiempo este movimiento encontrará los cauces de autoctonía americanista.   De hecho, Max Henríquez Ureña en su visión de conjunto sobre esta corriente literaria la agrupa en dos etapas: en la primera se impone el culto preciosista a la forma, un estilo refinado, artificioso y amanerado con recurrencia de temas desarraigados; y en la otra se realiza un proceso a la inversa, ya que se busca captar la vida y el ambiente de los pueblos americanos, sus inquietudes e ideales, sin abandonar el cuidado de la forma.[237] Así lo explica Salvador Bueno:

> Los escritores modernistas se pusieron de espaldas a la realidad política y social hispanoamericanas.   Aunque algunos variaron después esa postura, es indudable que el modernismo inicial representó una actitud escapista ante el mundo, un intento de poesía esteticista y aristocratizante que olvidaba los problemas de América y la situación aflictiva y dependiente de nuestros pueblos.[238]

Las publicaciones periódicas y las revistas, de manera particular en nuestro continente, han desempeñado un papel clave en el desarrollo del quehacer literario, ya que en ellas no sólo se encuentra

---

* Publicado en *La Revista del Centro de Estudios Avanzados de Puerto Rico y el Caribe*, julio-diciembre de 1991

[234] Véase, Pedro Henríquez Ureña. *Las corrientes literarias en la América hispánica* (Fondo de Cultura Económica: México, 1978) 163; Donald F. Fogelquist. "*Helios*, voz de un renacimiento hispánico", en Lily Litvak, editor. *Modernismo* (Taurus: Madrid, 1975) 327; Enrique A. Laguerre. *La poesía modernista en Puerto Rico* (Editorial Coquí: San Juan, 1969) 9-13.

[235] José Luis Martínez. *Unidad y diversidad de la literatura latinoamericana* (Cuadernos de Joaquín Mortiz: México, 1979) 54.   Dice este notable crítico: "En un lapso de cuarenta años participaron en el modernismo todos los países de la región, la mitad de ellos dieron una veintena de escritores importantes —entre los que surgirá el mayor poeta de Hispanoamérica- que escribieron al menos treinta libros significativos, superiores a los que hasta entonces se habían producido en su línea, que impusieron su influencia en toda la extensión de su propio ámbito y, por primera vez, en España." *Ibid.*, 54.

[236] Véase, Max Henríquez Ureña. *Breve historia del modernismo* (Fondo de Cultura Económica: México, 1978) 12; Juan J. Remos y Rubio. *Historia de la literatura cubana* III (Mnemosyne Publishing: Miami, 1969) 5-7.

[237] M. Henríquez Ureña, *op. cit.*, 33.

[238] Salvador Bueno. *Historia de la literatura cubana* (Editora del Ministerio de Educación: La Habana, 1963) 270.

87

gran parte de nuestra literatura, sino que resultan los vehículos más empleados por las jóvenes generaciones de escritores para explicar las nuevas tendencias estéticas y divulgar sus obras. El modernismo no fue la excepción y tuvo muchas revistas que contribuyeron a difundir su credo y a mantener una estrecha relación entre sus cultivadores, los cuales estaban dispersos tanto por América como por Europa. Sobre el particular destaca José Luis Martínez: "La intensa actividad literaria se manifiesta también en las revistas que recogen, junto a la producción local, la de los modernistas de otros países así como traducciones francesas, italianas e inglesas."[239]

Las Antillas fueron un importante centro del movimiento modernista y quiero confrontar en este trabajo a dos importantes revistas, sin lugar a dudas de las mejores y de mayor trascendencia en su tiempo, *Cuba Contemporánea* y la *Revista de las Antillas*, publicadas en Cuba y Puerto Rico. Ellas se vinculan estrechamente a las corrientes estéticas e ideológicas del momento que viven ambas Antillas.

EL MODERNISMO CUBANO

Los cubanos sostuvieron luchas armadas contra el gobierno español durante casi toda la segunda mitad del siglo XIX. Este hecho tuvo repercusiones no sólo en lo político, sino en lo cultural. A fines de dicho siglo había dos grupos definidos en la Isla: el de los que defendían la política peninsular y el de quienes la combatían. Según Max Henríquez Ureña, los primeros defendían el orden institucional y en lo literario los cánones tradicionales; los otros estaban en contra del gobierno y buscaban, además, una renovación literaria. En este ambiente nace el modernismo cubano, que entonces representó una especie de literatura subversiva, lo cual explicaría, en parte, por qué Julián del Casal, cuya poesía está llena de evasión, sufriera persecuciones políticas. Cuba fue la cuna de dos figuras señeras de las letras nacionales, Casal y Martí; sin embargo, sus tempranas muertes y la guerra de 1895 frustrarán el desenvolvimiento del modernismo cubano.[240] Martí no tuvo discípulos, aunque luego fuera muy imitado y lograra notable ascendencia entre los escritores de la América hispana. Casal tuvo tan sólo unos admiradores

---

[239] J. L. Martínez, *op. cit.*, 55.

[240] Véase, M. Henríquez Ureña, *op. cit.*, 159-165, 420; Otto Olivera. *Breve historia de la literatura antillana* (Manuales Studium: México, 1957) 67-69, 114; Enrique Anderson Imbert. *Historia de la literatura hispanoamericana* I (Fondo de Cultura Económica: México, 1965) 325-329, 332-336.

sobresalientes que seguirían sus huellas, los hermanos Uhrbach y las hermanas Borrero.

La guerra de independencia frustró la vida del modernismo en Cuba, pues muchos cubanos tuvieron que optar por el exilio, mientras otros trocaron la pluma por el machete y se alzaron en la manigua. Algunos de ellos murieron, bien fuera de la Isla o combatiendo en la guerra, como fue el caso de Juana Borrero y Carlos Pío Uhrbach. Y curiosamente, al terminar las hostilidades, según advierte Salvador Bueno:

> Los poetas -denominados de 1902- que volvían del destierro o de la manigua, parece como si retrocedieran en sus módulos líricos. Impulsados por la ilusión patriótica del momento, la superficial ilusión de haber llegado; estos poetas cultivan una obra lírica con abundantes referencias románticas a los adalides del separatismo.[241]

El importante estudioso del modernismo cubano, Max Henríquez Ureña, quien estuvo estrechamente vinculado tanto a esta corriente estética como a la literatura de dicho país, afirma que este movimiento no tuvo arraigo en Cuba, aunque pertenezcan a ella dos de sus iniciadores: Martí y Casal. Él hasta llega a dudar de la existencia de un modernismo en la época de la independencia, según explica:

> El Modernismo, a pesar de haber sido Cuba la cuna de dos de sus principales iniciadores, no tuvo el carácter de movimiento colectivo y coherente dentro de las letras cubanas; es decir, en Cuba no hubo 'movimiento modernista' y, si lo hubo, fue ya entrado el siglo XX.[242]

Tampoco en el siglo XX hubo "movimiento modernista", pues quien lo continúa en este tiempo es Federico Uhrbach, su hermano había muerto en la guerra según he indicado, mientras los nombres señeros de la lírica republicana de entonces: Regino E. Boti, José Manuel Poveda y Agustín Acosta, seguirán nuevos rumbos.[243] Aunque Henríquez Ureña indica que éstos "[...] son en la historia de las letras cubanas, los últimos representantes del modernismo",[244] lo que en realidad señala este notable crítico es que no son "plenamente" modernistas, sino que presentan influencia de esta corriente en sus formas poéticas:

---

[241] S. Bueno, *op. cit.*, 319.
[242] M. Henríquez Ureña, *op. cit.*, 121, 418.
[243] Véase, S. Bueno, *op. cit.*, 339-349; Juan J. Remos. *Proceso histórico de las letras cubanas* (Ediciones Guadarrama, S.L.: Madrid, 1958) 252.
[244] M. Henríquez Ureña, *op. cit.*, 445.

En los poetas que se daban a conocer al comenzar el nuevo siglo era patente, sin embargo, el ascendiente del modernismo, aunque su influjo sólo se manifestara en cuestiones de forma y no precisamente en la revelación de una nueva sensibilidad.[245]

No obstante, Juan J. Remos califica este tiempo como de plenitud modernista,[246] pero Salvador Bueno considera que estos poetas de la primera generación republicana no se pueden incluir plenamente entre los modernistas:

No son, en rigor de verdad, modernistas, aunque aparentemente se encuentren en la estela rubendariana. Porque en ellos hay una expresión sobria, escueta, dolorosamente gris, angustiosa, que no puede ser acogida dentro del original modernismo.[247]

Los cubanos se enfrascaron en la construcción de la nueva república con toda la desilusión de ver un país intervenido militarmente, una economía en ruinas, funcionarios corruptos y ciudadanos que buscaban prebendas y privilegios, entre otros muchos males políticos. Un pesimismo tal se apoderó de las primeras generaciones republicanas que les impedirá descubrir los valores patrios en los moldes modernistas, como se haría en Puerto Rico, entonces siguen otros derroteros literarios.

EL MODERNISMO PUERTORRIQUEÑO

España, en su afán por conservar las únicas colonias que le quedaban en América, Cuba y Puerto Rico, las aisló aún más del resto de las naciones latinoamericanas que habían obtenido su independencia. Este hecho nos ayudará a comprender, entre otros, por qué los movimientos literarios siempre llegaron tarde a las Antillas. La represión política del gobierno español a fines del siglo XIX impide, en parte, la renovación lírica en Puerto Rico, a lo cual debe añadirse el que no haya unas figuras como Martí o Casal que abrieran nuevos horizontes. Si bien hay excelentes poetas, persiste la tendencia romántica. José de Diego, en palabras de Enrique A. Laguerre, fue un "precursor indeciso",[248] que no logró hacer en la Isla lo que Martí y Casal hicieron en Cuba. A lo cual debe añadirse la tesis de Francisco Manrique Cabrera de que nuestros creadores se enfrentan a: "La dura

[245] Max Henríquez Ureña. *Panorama histórico de la literatura cubana* II (Ediciones Mirador" San Juan, 1962) 279.
[246] J. J. Remos. *Proceso histórico de las letras cubanas, op. cit.*, 194-195.
[247] S. Bueno, *op. cit.*, 339.
[248] E. Laguerre, *op. cit.*, 26.

experiencia del trauma o desgarre que sufre nuestro existir histórico en los días últimos del siglo."[249]

Entre 1913 y 1918 tiene el Modernismo en Puerto Rico su período de mayor actividad creadora, época en que este movimiento había perdido fuerza, o bien desaparecido ya, en muchos lugares. Con el advenimiento de la primera guerra mundial, algunos jóvenes poetas que integraban esta corriente lírica hubieron de participar en la lucha armada,[250] y a partir de entonces se suceden los movimientos de vanguardia que ya se habían iniciado en pleno auge modernista.

Si Puerto Rico no tuvo a fines del siglo XIX un Casal o un Martí, Cuba no tuvo en su "modernismo" del siglo XX unos poetas como José de Jesús Esteves, Jesús María Lago, Evaristo Ribera Chevremont, Antonio Pérez Pierret, Antonio Nicolás Blanco, José P. H. Hernández y Luis Llorens Torres. Por tal razón, aunque "tarde" como indica Cabrera: "El modernismo nos llega con fecundas cosechas".[251] No cayeron los modernistas puertorriqueños en exotismos ni superficialidades aristocráticas y preciosistas de otros modernismos. Los autores supieron recoger las preocupaciones del pueblo y plasmarlas en una obra que abundó en las raíces patrias, por eso lo indígena, lo hispánico y lo telúrico cobran vital importancia para ellos.

Laguerre ha señalado ocho particularidades diferenciadoras del modernismo puertorriqueño: Tendencia ecléctica, diversidad de estilos, formulación de nuevas teorías poéticas, preciosismo acriollado, orientalismo morisco-español, romanticismo insojuzgable, ansias de expresar la puertorriqueñidad, y defensa de los valores tradicionales: ataque a la invasión cultural norteamericana.[252] Precisamente del modernismo puertorriqueño la llamada generación del treinta toma su preocupación por definir las esencias del pueblo y la revalorización de la cultura autóctona.[253]

CUBA CONTEMPORÁNEA

A fines del siglo XIX las dos revistas más importantes de la Cuba de entonces: *La Habana Elegante* (1883-1896) y *El Fígaro* (1885 hasta el primer cuarto del siglo XX), contaban entre sus colaboradores a las

---

[249] Francisco Manrique Cabrera. *Historia de la literatura puertorriqueña* (Editorial Cultural: Río Piedras, 1965) 217. Véanse, además, las páginas 217-269.
[250] Véase, E. Laguerre, *op. cit.*, 45; Josefina Rivera de Álvarez. *Diccionario de literatura puertorriqueña* I (Instituto de Cultura Puertorriqueña: San Juan, 1970) 381; también las páginas 379-413.
[251] F. M. Cabrera, *op. cit.*, 217.
[252] E. Laguerre, *op. cit.*, 193.
[253] *Ibid.*, 181, 191.

más ilustres figuras cubanas de las letras de ese momento, entre quienes descollaba Julián del Casal, y también a escritores de todo el continente afiliados al modernismo.[254] Se fundaron, además, numerosas revistas de gran valía cultural,[255] pero sin lugar a dudas, es *Cuba Contemporánea* la que adquiere mayor significación en este tiempo.

En torno a ella se reúne la primera generación republicana, la cual, en palabras de Manuel Pedro González, estaba "[...] larvada por este *sense of frustration* que se acentuará en la misma medida en que las motivaciones que la provocaron se agravan."[256] Se publicó esta revista mensualmente desde enero de 1913 hasta agosto de 1927. Para efectos del presente trabajo me ceñiré a los dos primeros años, a fin de que coincida temporalmente con la revista puertorriqueña.

Debo destacar que seleccioné esta publicación, aunque no sea propiamente portavoz del modernismo -en Cuba no se puede hablar de una publicación *portavoz* de este movimiento- porque constituye la revista de mayor relevancia de esa época, al punto de que la puertorriqueña *Revista de las Antillas* la califica como: "[...] la mejor de Cuba y una de las mejores que hoy se ven en idioma castellano."[257] Para Max Henríquez Ureña fue "[...] el vocero de una generación."[258]

No es meramente una revista literaria, pues también tiene preocupaciones cívicas, sociales y políticas, lo cual nos indica que estaba inmersa en los problemas del pueblo. En esos años, Cuba vivía una frustrante desilusión, porque la república que se estaba edificando no era la soñada por los próceres de la independencia, ya que la corrupción administrativa, la búsqueda de prebendas y la intervención militar de Estados Unidos frustraban el ideal martiano. Todo ello contribuía a un pesimismo vital colectivo.

En el editorial del primer número, se indica que la nueva publicación abría sus puertas a todas las corrientes literarias y de criterio. O sea: "A todas las orientaciones del espíritu moderno, sin otra limitación que la impuesta por el respeto a las opiniones ajenas, a las personas y a la sociedad, sin más requisitos que el exigido por las reglas del buen decir, he ahí nuestro programa."[259]

[254] Véase, M. Henríquez Ureña. *Breve historia del modernismo, op. cit.,* 117; M. Henríquez Ureña. *Panorama histórico de la literatura cubana, op. cit.,* 275; J. J. Remos. *Proceso histórico de las letras cubanas, op. cit.,* 158.
[255] Véase, M. Henríquez Ureña. *Panorama histórico de la literatura cubana, op. cit.,* 276; J. J. Remos. *Proceso histórico de las letras cubanas, op. cit.,* 187-188.
[256] Citado por S. Bueno, *op. cit.,* 337, 338.
[257] *Revista de las Antillas,* octubre de 1914, 62-63.
[258] M. Henríquez Ureña. *Panorama histórico de la literatura cubana, op. cit.,* 357.
[259] *Cuba Contemporánea,* enero de 1913, 5.

A los editores les interesa cualquier aspecto de la "[...] inquieta vida de las actuales sociedades [...]", pero de manera especial todo lo relacionado con la vida cultural y política de Cuba y América. Sin embargo, la revista tiene un interés específico: "En particular, expresa dedicación al estudio de nuestros problemas en lo administrativo, en lo político, en lo moral y social, en lo económico, en lo religioso: tales son los asuntos que preferentemente ocuparán estas páginas.[260] No se considera comprometida con nadie, sólo aspira a ser un vehículo que dé a conocer los valores culturales y contribuya a fin de "[...] revivir las adormecidas energías de sus ciudadanos". En términos generales, busca emular la *Revista de Cuba* y la *Revista Cubana*, que dirigieran los intelectuales y patriotas José A. Cortina y Enrique José Varona. Termina el editorial con una exhortación patriótica a todos los cubanos, la cual es de apertura estética e ideológica:

> A cuantos quieran exponer sus ideas en relación con los difíciles problemas interiores y exteriores de nuestro país, pues la vida internacional de Cuba tiene también para nosotros excepcional importancia, pedimos el apoyo y cooperación que a la vez impetramos y esperamos de quienes constituyen esa esfinge que se llama pública.[261]

Los números de los dos primeros años siguieron la preocupación manifestada en su primer editorial. Se comprende, entonces, por qué el género más ostensible en la revista lo representa el ensayo, pues éste se presta más como arma de combate que cualquier otro. Salvo escasas excepciones,[262] *Cuba Contemporánea* fundamentalmente recoge: ensayos, estudios y alguna que otra crónica, género tan del gusto de los modernistas.[263] En términos generales, los ensayos podrían agruparse por los temas que representan las preocupaciones esenciales de ese tiempo. Entre éstos sobresalen los siguientes:

Aquéllos que resaltan las figuras de los próceres cubanos. Se hacía imperioso que el pueblo conociese a sus héroes patrios para que viese en ellos los modelos a emular en el proceso de la construcción nacional. Debemos recordar que el gobierno español expresaba una opinión peyorativa de muchas de estas figuras. De aquí los estudios y escritos sobre José Martí, José María Heredia,

---

[260] *Ibid.*, 5.
[261] *Cuba Contemporánea*, enero de 1913, 7.
[262] Publicaron la poesía "Lauro sagrado" de Dulce María Borrero (noviembre de 1913); el drama político *Caliban Rex* (julio de 1914); las novelas cortas: *Una victoria* de Mariano Aramburu (marzo de 1913) y *Ocaso* de Ramón María Menéndez (abril de 1913), además del capítulo titulado "Costumbres cubanas" de la novela inédita *Nicotina* de Wen Gálvez (agosto de 1914).
[263] E. Laguerre, *op. cit.*, 55.

Domingo del Monte, José Antonio Saco y Gertrudis Gómez de Avellaneda, entre otros.

Los que buscan en la historia y la literatura los valores autóctonos. Se estudian entre otros temas, los orígenes de la poesía cubana, la producción literaria de la Avellaneda, Milanés, Plácido..., el epistolario de José Antonio Saco, así como documentos relativos a la historia de Cuba.

En torno a la educación. Una de las principales preocupaciones de la naciente república fue la educación, ya que el sistema educativo había estado por siglos en manos de España. Se discuten ampliamente las bases filosóficas que deberán regir la pedagogía cubana. Entre otros ensayos sobresalen "Necesidad de colegios cubanos", "La educación religiosa en las escuelas", "La escuela laica" y "La enseñanza de la lengua griega en Cuba".

El examen del sistema jurídico y la presentación de soluciones prácticas para su aplicación. Era necesario hacer una reevaluación total del sistema judicial para atemperarlo a las nuevas realidades del pueblo. De hecho, en algunos casos se establecen pautas para una reforma constitucional, pero todo esto requeriría tiempo, de aquí que se vaya a lo funcional. Por ejemplo, entre otros trabajos: "El juicio oral en lo civil", "Los tribunales para niños", "Los derechos de los colindantes en el deslinde de fincas no comuneras", "La senaduría corporativa" (Proyecto de reforma constitucional) y "El problema de derecho transitorio".

Los ensayos que dan a conocer a Latinoamérica, a sus figuras representativas y su política. Cuba quiere estrechar lazos con el continente americano, lo cual era una forma de desvincularse de España. Véanse, entre otros, "Arzobispo Meriño", "Simón Bolívar", "Los poetas chilenos actuales", "La falta de probidad en los gobernantes hispanoamericanos", "El régimen reformista en México: su apoteosis", "El ideal americano", "Las democracias suramericanas", "Los ideales políticos de Bolívar" y "La doctrina Monroe y la América Latina".

Aquéllos que destacan los problemas de entonces, especialmente la primera guerra mundial: Se vivían momentos de desasosiego internacional, los cuales afectaban a la nueva República. Entre otros trabajos, están: "La tragedia otomana", "Las causas de la guerra", "La guerra franco-prusiana del 1870 y el conflicto actual", "El poderío alemán", "Responsabilidades, causas y probables efectos de la guerra europea", "Alemania y la guerra europea", "La ofensiva alemana y la resistencia de los aliados" y "La conflagración europea".

Los que indagan los rasgos de la cubanidad: Los cubanos se interesan por definir la conciencia colectiva y analizan los problemas que tienen. De aquí que se esmeren por analizar esto. Realmente resulta el tema más acuciante. Véanse, entre otros, "El problema negro" de Carlos de Velasco, "Aspiraciones" de Antonio S. Bustamante, "Carta del Doctor Varona", "La indisciplina de los pueblos" de Luis Marino Pérez, "Nuestra indisciplina" de Enrique José Varona, "Aspectos censurables del carácter cubano" de Mariano Guirol Moreno, "Raíces del mal" de Julio Villoldo, "Aclimatación del cubano" de Luis Marino Pérez, "Nuestros problemas políticos" de Mario Guirol Moreno y "Las raíces del mal: Los remedios" de Julio Villoldo.

Considero que este último grupo de ensayos viene a ser la mayor aportación de la revista, pues ya se empiezan a estudiar y resaltar los rasgos definitorios de la cubanidad. Se van perfilando los derroteros que seguirá la generación siguiente, la llamada generación del 23, para la cual ésta será su preocupación clave. Pensemos, por ejemplo, en los estudios de Jorge Mañach, Juan Marinello y Fernando Ortiz, aunque éste último sea de otra generación. Mientras que el Modernismo puertorriqueño acentuará la tradición hispánica e iberoamericana para encontrar su ser como pueblo, los cubanos, recién terminada una guerra contra España, se fijarán en los rasgos que los definen, en algunos casos frente a lo hispánico. Sin embargo, no lo hacen dentro del modernismo -¿sería que lo consideraban desarraigado?-, sino bajo la égida de la preocupación colectiva por los males que los aquejaban.

La parte literaria incluía, además de los artículos y estudios sobre literatura, la sección "Bibliográfica" casi siempre escrita por Max Henríquez Ureña; en la misma se reseñaban obras de reciente publicación, muy semejante a la "Vendimia Literaria" de la *Revista de las Antillas*.

Cuba Contemporánea logró gran popularidad y fue muy leída tanto en Cuba como en el extranjero. En un concurso que hiciera el periódico habanero *La Noche*, para auscultar la opinión de la gente sobre cuál era la mejor revista mensual de la Isla, esta revista resultó ser la primera con 11,042 votos.[264]

REVISTA DE LAS ANTILLAS

La *Revista de las Antillas* tiene una significación muy importante en la historia literaria puertorriqueña, según recalca Josefina Rivera de

---

[264] *Cuba Contemporánea*, julio de 1914, 398-399.

Álvarez, quien la considera "[...] uno de los portavoces literarios más prestigiosos y eficaces que han visto la luz en la historia toda del periodismo en el país, verdadero núcleo y vocero de la generación de poetas y prosistas del modernismo puertorriqueño".[265] Y como indica Manrique Cabrera, tras su desaparición "[...] ocurre la dispersión de aquel grupo preclaro de literatos a quienes tanto le deben las generaciones que le siguen."[266] Laguerre ha realizado un abarcador estudio de esta revista,[267] sólo me interesa puntualizar aquí algunas ideas.

Se publicaron sólo catorce números en un período de dos años (1913-1914). Durante el primero salen cinco ejemplares que corresponden a los meses de marzo, abril, mayo, junio y agosto de 1913, mientras en el segundo se publican mensualmente nueve, desde marzo hasta noviembre. En su primer editorial, "Nuestro Propósito", se destacan los objetivos ideológicos y estéticos: Formula una declaración de fe panamericana, ya que busca como propósito fundamental una síntesis de lo hispánico y lo sajón, porque Puerto Rico debido a su posición geográfica, desarrollo histórico y con sus "especialísimas condiciones" puede lograr un acercamiento entre el Norte y el Sur, "[...] llamados a convivir armónicamente en el culto a la Libertad, en su devoción a la Justicia y en la conjugación del Derecho Humano."[268]

Se busca, además, estrechar vínculos intelectuales entre aquellos pueblos a los que están ligados por la geografía y la historia: Cuba, Santo Domingo y Puerto Rico. Recalca que éstos "[...] constituirán, pues, la base de nuestros esfuerzos iniciales." La revista tiene una apertura a cualquier corriente del pensamiento, por eso:

> No responderá a un exclusivo orden de ideas políticas o religiosas, ni se encerrará en estrechos moldes de dogmatismos literarios ni filosóficos. Todas las escuelas, todas las doctrinas, todas las teorías serán expuestas, siempre que en el fondo y en la forma se ajusten a nuestro pensamiento general y a las severas exigencias de la cultura periodística.[269]

Debo señalar que si bien es verdad que hace fe de panamericanismo, sus artículos obedecen más a una orientación

---

[265] J. Rivera de Álvarez, op. cit., 380.
[266] F. M. Cabrera, op. cit., 254-255.
[267] E. Laguerre, op. cit., 44-58.
[268] Revista de las Antillas, marzo de 1913, xiii.
[269] Ibid., xiii.

iberoamericana. En sus páginas se combatió la presencia de Estados Unidos en la Isla desde el número inicial, en el cual aparece el primero de una serie de artículos escritor por el licenciado Cayetano Coll y Cuchí sobre el aspecto jurídico del cambio de soberanía. Por citar otro ejemplo más, el artículo de Llorens Torres y Benítez Castaño titulado "Bajo los Yankys. Puerto Rico ante el Congreso de los Estados Unidos. Vean esto los hispano-americanos".[270] Para Laguerre este ideal panamericano "[...] llevaba el propósito de rendir tributo al gran poeta de la democracia, el norteamericano Walt Whitman."[271]

Sí mantuvo su preocupación antillana porque en todos los números aparecen artículos firmados por escritores cubanos o dominicanos, también trabajos sobre las tres Antillas, además de otros sobre diferentes países y figuras de Iberoamérica. Aunque la revista estaba abierta a todas las corrientes literarias, la colaboración de los modernistas fue la más destacada. La revista se dividía en siete secciones al frente de las cuales estaban las personas más capacitadas intelectualmente del Puerto Rico de entonces: *Sección de Literatura, Arte, Historia y Filosofía*: Nemesio R. Canales, José de Diego y Luis Llorens Torres. *Política, Economía y Estadísticas*: Eugenio Benítez Castaño, Cayetano Coll y Cuchí y Eugenio Fernández Vanga. *Jurisprudencia y Legislación*: Félix Córdova Dávila, Juan Hernández López y Martín Travieso. *Ciencias*: Isaac González Martínez y Ramón Gandía Córdova. *Agricultura y Comercio*: Ramón Negrón Flores. *Actualidades*: Mariano Abril. *Mundo Femenino*: Trinidad Padilla de Sanz, Josefa del Valle Zeno y Epifanio Fernández Vanga. Tenía, además, una sección infantil.

Verdaderamente era una especie de enciclopedia, como advierte un anuncio que la promocionaba.[272] Constituyen varias revistas en un solo tomo: "Hay en ella lectura para el niño, la señora, la señorita, el joven, el viejo, el erudito, el ignorante. Y además para el abogado, el médico, el historiador, el maestro, el literato..."[273] Según los clasificados, cada ejemplar lo leían más de cien mil personas.[274]

Considero que la sección más importante resulta ser "Vendimia Literaria" en la cual se analizan los movimientos literarios del mundo entero, se hace crítica de las obras y se dan a conocer figuras de relieve en el ámbito de las letras. Esto contribuyó a la divulgación de ideas internacionales en la Isla. Sin embargo, no podemos restarles

---

[270] *Ibid.*, abril de 1914, 51-56.
[271] E. Laguerre, *op. cit.*, 49.
[272] *Revista de las Antillas*, agosto de 1913, 17.
[273] *Ibid.*, mayo de 1913, xxi.
[274] *Ibid.*, septiembre de 1914, 153.

importancia a otros tipos de trabajos, por ejemplo los dedicados al aspecto jurídico. En su afán por llegar a un público tan diverso, se presentan muchos elementos frívolos tales como reinados de belleza, modas, bailes de sociedad y cosas por el estilo, que reflejan la clase social dominante a la cual pertenecían los editores. Esta frivolidad no está a tono con el resto del contenido. La parte artística, a cargo de Francisco Roldán, estaba hecha con gran esmero.

Esta publicación tuvo gran aceptación, ya que recibió alabanzas de numerosas personalidades del mundo entero. Creo que las mismas se podrían resumir en la siguiente declaración formulada en Barcelona: "La Casa de América recibe todas las revistas que se publican en España y América y declararon la *Revista de las Antillas* superior a todas las demás que se reciben en la Casa de América [...]"[275]

Tras su desaparición se creó un vacío, pero continuó influyendo tanto en la Isla como en el exterior. Ejemplo de esto último lo tenemos en el cubano Sergio Cuevas Zequeira, estrechamente vinculado a ella, pues fue su corresponsal en Cuba y el fundador, en ese país el año 1921, de la revista *Las Antillas*, cuyo nombre nos recuerda la publicación puertorriqueña.

PALABRAS FINALES

Cuba Contemporánea y la *Revista de las Antillas* constituyen dos de las publicaciones más trascendentes de su tiempo y estuvieron muy vinculadas al devenir literario y artístico no sólo de sus respectivas islas de origen, Cuba y Puerto Rico, sino de toda Hispanoamérica.

Ambas revistas destacan los valores literarios y culturales, los estudios históricos y lingüísticos, tienen una preocupación por los rasgos autóctonos de las dos Antillas, sin olvidar lo iberoamericano y lo europeo. Comparten un marcado sentimiento anti-norteamericano, analizan los acontecimientos de la primera guerra mundial así como los insulares, también se ocupan de lo jurídico, las ciencias y la agricultura.

La *Revista de las Antillas* se anticipa a la generación puertorriqueña del 30 en su afán de valoración cultural de Puerto Rico. En *Cuba Contemporánea* encontramos los rasgos que definirán a la generación del 23, la búsqueda de la cubanidad y la denuncia de los males que aquejaban a la República.

---

[275] *Ibid.*, junio de 1913, iii. Véanse, además, las páginas ii-xii.

Cuba Contemporánea le da más importancia a la prosa ensayística y a la situación socio-política de la Isla, mientras la *Revista de las Antillas* tiene una apertura mayor a todos los géneros literarios. Las secciones de crítica, "Vendimia Literaria" y "Bibliografia" realizaron una importante divulgación de la literatura, no sólo de ambos pueblos sino de la literatura universal; además, sentó modelos para la crítica literaria.

La *Revista de las Antillas* se erige en la mejor de su época en las Antillas y quizás en Hispanoamérica. Esto fue posible porque coincidieron en ella, aunando esfuerzo, las figuras más importantes de las letras puertorriqueñas del momento. *Cuba Contemporánea* aglutina la intelectualidad cubana de entonces y representa el mejor vehículo de expresión generacional de su tiempo. Asimismo, marca unas pautas importantes en la edificación de la naciente República. Ambas publicaciones cumplieron su cometido de crear conciencia nacional en sus respectivos países.

LA LUCHA POR SER:
LA SOCIEDAD DE LAS ANTILLAS HISPANAS EN SU ENSAYÍSTICA DE LOS AÑOS VEINTE Y TREINTA[*]

> *El ensayo es una recreación conceptual, en el sentido de una nueva creación en el aspecto literario. Constituye un juicio, pero lo fundamental en el mismo no está en la sentencia, sino en el proceso mismo o la forma de juzgar.*

A Federico Acevedo
con un fraternal abrazo

Posiblemente, en el devenir histórico de Cuba, Santo Domingo y Puerto Rico, nunca antes tuvo tan significativa incidencia el discurso económico-político en el aspecto literario y cultural de estos países como el de las décadas veinte y treinta. Por tal razón, considero que ello resulta determinante al momento de estudiar el desarrollo artístico y la afirmación de las conciencias nacionales cubana, dominicana y puertorriqueña. En gran medida se debe a dos factores decisivos: Uno, a la mediatización de Estados Unidos en la política antillana, tesis que sustenta Enrique A. Laguerre cuando afirma que el desenvolvimiento histórico-social de dicha región está estrechamente vinculado a su proximidad con Norteamérica.[276] El otro, a los gobiernos dictatoriales que durante años sometieron a las dos mayores islas, los cuales signaron la vida nacional, asimismo al denodado esfuerzo puertorriqueño por afianzar su identidad, a fin de contrarrestar la norteamericanización iniciada tras el cambio de soberanía. El vivir colectivo de estos países se volcó en una lucha sostenida en todos los ámbitos por lograr ser ellos mismos, aunque desafortunadamente se irán gestando una serie de secuelas que aún persisten.

---

[*] Publicado en *Revista de Estudios Hispánicos* (Universidad de Puerto Rico, Recinto de Río Piedras, Año XXVII, Núm. 2, 2000).
[276] Enrique A. Laguerre. *Polos de la cultura iberoamericana* (Florentia Publisher: Boston, 1977) 38, 139, 156. Podemos decir que desde el presidente Jefferson hasta McKinley persistió la idea de anexar a Cuba a la Unión y, por lo menor en cuatro ocasiones, ofrecieron comprársela a España. Como explica Loida Figueroa, para el presidente John Quincy Adams: "Las islas de Cuba y Puerto Rico eran como apéndices del Continente de Norteamérica y que Estados Unidos no veía con buenos ojos que pasasen a la posesión de ninguna otra potencia." Loida Figueroa. *Breve historia de Puerto Rico* I (Edil: Río Piedras, 1979) 175.

Con agudo acierto, la crítica ha señalado que el ensayo en sus múltiples manifestaciones representa en las Antillas una de las actividades literarias más significativas. En mi opinión, resulta el género que mejor recoge la realidad social y cultural de este tiempo en Cuba, Puerto Rico y la República Dominicana. Es que el alma y la forma del género, diría Luckás, permite recoger la inmediatez de los acontecimientos y darle perennidad artística. El espíritu polemista y, hasta cierto punto, la dialéctica que permean al ensayista facilitan la manera de abordar las divergencias y compartir soluciones. Démosle, pues, una ojeada panorámica a la realidad política y social en estos tres países para comprender la tesis expuesta.

TENDENCIAS DEL ENSAYO EN ESTAS ANTILLAS

Casi todos los historiadores de la literatura cubana destacan que las circunstancias históricas y políticas a fines del XIX requirieron el cultivo de géneros polémicos como el ensayo, la oratoria y el periodismo, los cuales están estrechamente vinculados. Una vez obtenida la independencia, los escritores proseguirán su lucha para combatir una república mediatizada y cimentar la nacionalidad. Consecuentemente el ensayo entre los cubanos adopta una actitud más belicosa que estética. La labor artística quedará supeditada a las cuestiones políticas, aunque aquélla no se pierda de vista, pues se tenía el ejemplo de Martí.

Bien advierte Salvador Bueno que las dos primeras generaciones literarias de la Cuba republicana no pueden considerarse promociones de poetas, sino más bien de ensayistas que ocasionalmente cultivarán otros géneros.[277] A su vez, una generación de ensayistas califica Max Henríquez Ureña a los escritores de la segunda promoción de la Cuba independiente.[278] Sus escritos muestran el pensamiento cubano del momento y el debate ideológico sostenido en la búsqueda de la patria anhelada. En el fondo, son espíritus inquietos que persiguen una total renovación en la vida nacional.

Una somera lectura al ensayo cubano de este tiempo demuestra que sigue tres líneas básicas:

---

[277] Salvador Bueno. *Historia de la literatura cubana* (Ministerio de Educación: La Habana, 1963) 27-28.
[278] Max Henríquez Ureña. *Panorama histórico de la literatura cubana* II (Mirador: San Juan, 1962) 415.

- Plantear el futuro político y económico de Cuba. De todos los asuntos, tres ocupan más la atención: la Enmienda Platt, el Tratado Permanente y la situación de la isla de Pinos.[279]
- Buscar los elementos que integran la cubanidad o el alma nacional.[280]
- Dar a conocer las nuevas corrientes estéticas y políticas.[281]

La República Dominicana vivía momentos de intenso desasosiego nacional como consecuencia de la situación política y social creada por las continuas revoluciones caudillistas, el caciquismo, el monopolio agrícola, el crecimiento de la deuda externa, la intervención norteamericana y la dictadura de Trujillo. La literatura, particularmente el ensayo, recogerá la preocupación de los intelectuales, que en esencia era la del pueblo dominicano, por lograr la república que Duarte, Sánchez y Mella aspiraran consolidar.

Resultaba imposible soslayar los convulsos momentos que se atravesaban. Una atenta lectura a la ensayística dominicana de esa época nos permite comprender mejor la gravedad de la situación. Estos planteamientos aparecerán en revistas y periódicos tanto de la Isla como del extranjero, pues muchos intelectuales escribieron desde el exilio debido a la censura y la persecución política.

Según advierte Bruno Rosario Candelier, desde la independencia de la República en el año 1844 hasta que Trujillo adviene al poder en 1930 se suscitan innumerables luchas montoneras o guerras civiles lideradas por el caudillismo tradicional que mantenían al país en una constante zozobra.[282] Estos acontecimientos desestabilizan la economía nacional y llevan a la República al endeudamiento.

---

[279] La Constitución cubana de 1902 tenía como Apéndice la Enmienda Platt, mediante la cual Estados Unidos estaba autorizado a intervenir en Cuba cuando sus intereses así lo requirieran. Asimismo existía un debate sobre la isla de Pinos -al sur de La Habana- porque Estados Unidos la reclamaba para sí. El otro punto debatido era el tratado comercial Cuba-Estados Unidos. Según se puede apreciar, los elementos comunes a estos problemas, -posiblemente los más discutidos entonces- se refieren a economía y política.

[280] No perdamos de vista que se pretende cohesionar a los cubanos en una joven república que se está iniciando en ello. Para esto se recurre a una serie de elementos que inflaman la conciencia colectiva. Véase Roberto Fernández Valledor. *Identidad nacional y sociedad en la ensayística cubana y puertorriqueña 1920-1940* (Centro de Estudios Avanzados de Puerto Rico y el Caribe: San Juan, 1993).

[281] Es un momento de renovación política y literaria. Surge la Vanguardia e irrumpen en el país las tendencias políticas e ideológicas europeas. Entre otras, se funda el Partido Comunista Cubano.

[282] Véase Bruno Rosario Candelier. *La ficción montonera: Las novelas de las revoluciones* (Sociedad Dominicana de Bibliófilos: República Dominicana, 2003) 13-15. Esta excelente obra muestra cómo en algunas novelas dominicanas se recogen este período que comúnmente llaman "Concho Primo" o "Conchoprimismo".

Los intelectuales se hicieron portavoces del pueblo que pedían la restauración de la soberanía nacional. Esto trajo como consecuencia que se fomentara la dominicanidad frente al intervencionismo norteamericano y se mirara con recelo a los braceros haitianos[283] que las centrales azucareras extranjeras traían cada año para el corte de caña, a lo cual debe añadirse el problema de la frontera con Haití. Como consecuencia, el anti-haitianismo existente entre los dominicanos, secuela de las invasiones haitianas del XIX, se enardeció instigado por el dictador Trujillo y sus panegiristas. De esta forma el elemento racial cobrará vigencia en la vida nacional. Se miró a lo hispánico y a lo aborigen como una forma de acentuar lo dominicano.[284]

De hecho, la férrea dictadura de Trujillo que adviene al poder por treinta años enarbolará el hispanismo para definir la nueva patria dominicana. La República vivió sus más amargos momentos y el régimen de terror lo vivieron tanto el pueblo como los intelectuales. Quien no se aviniera a los decretos o caprichos del gobernante sufría cárcel, tortura, exilio o moría asesinado.

Podríamos presentar cuatro líneas básicas de pensamiento en el ensayo dominicano de este tiempo:

- *Defensa de la integridad nacional.* Se combate la presencia norteamericana tanto en los asuntos económicos como político, particularmente la Convención Domínico-americana. También se combate la tiranía trujillista aunque no faltan intelectuales que la alaban.
- *La economía.* Estrechamente vinculados a la anterior, se plantean aspectos económicos para solucionar la crisis fiscal y política.
- *La nacionalista.* Se acentúa la dominicanidad –historia, cultura, idioma, literatura- frente a la presencia extranjera en el país.
- *La estética.* Resalta la literatura, tanto nacional como extranjera.

---

[283] Para que se tenga una idea, en el censo del año 1920 que el gobierno norteamericano efectuó –aunque no se pudo completar debido a la acción revolucionaria en el Este de la República- la población extranjera era de 49,520 personas, de las cuales más del 50% eran haitianos. Véase Franklin Franco Pichardo. *Historia del pueblo dominicano* II (Instituto del Libro: República Dominicana, 1992) 457.

[284] Véase Frank Moya Pons. "Modernización y cambios en la República Dominicana", *Ensayos sobre cultura dominicana* (Fundación Cultural Dominicana: República Dominicana, 1996) 240-245.

En Puerto Rico, a su vez, ya desde el XIX los escritores venían planteando los problemas políticos, sociales y culturales en la prensa y el ensayo. Debido a esto se puede afirmar que la ensayística puertorriqueña ha recogido los desvelos, las angustias, las luchas y las aspiraciones de este pueblo, lo cual hace que la misma en las letras insulares se cargue de contenido social, político y cultural. Mariana Robles de Cardona lo admite: "Nuestro ensayo es más bien batallador que contemplativo por estar puesto al servicio de preocupaciones y problemas fundamentales."[285] Tras el cambio de soberanía, los escritores hubieron de mantenerse en la palestra, ya que aún persistía no sólo la incertidumbre política, sino también la social y la económica. Como señalan Iris Zavala y Rafael Rodríguez:

> [...] siguieron con vigencia los mismos problemas y soluciones elaborados durante el colonialismo español. La clase dirigente continuó escindida entre autonomistas y anexionistas. Entre los intelectuales predominaba una resistencia a la adopción total de los valores y lineamientos del país dominante.[286]

Los escritores, por lo tanto, se enfrascan en una definición ontológica y una autoafirmación nacional; indagan, cuestionan y realizan una revalorización general de la cultura y las letras puertorriqueñas. Esto explica por qué sus textos sirvieron para realizar las revisiones fundamentales en la historia cultural puertorriqueña y canalizar la lucha de un pueblo que aún busca resolver su destino colectivo.

La generación del treinta es fundamentalmente una generación de ensayistas, y con ella el género adquiere mayor vigencia y flexibilidad, ya que a la madurez reflexiva del pensamiento puertorriqueño de entonces hemos de añadirle la calidad artística y literaria de sus escritos. En síntesis, podríamos establecer cuatro direcciones claves en la ensayística insular de esta época:

- La que plantea el destino de Puerto Rico como pueblo
- La que señala los caracteres definitorios de la personalidad puertorriqueña.
- La que enjuicia la cultura de la Isla

---

[285] Mariana Robles de Cardona. "El ensayo de la generación del 30", *Literatura puertorriqueña: 21 conferencias* (Instituto de Cultura Puertorriqueña: San Juan, 1960) 339.
[286] Iris Zavala y Rafael Rodríguez. *Libertad y crítica en el ensayo político puertorriqueño* (Ediciones Puerto: Río Piedras, 1973) 19.

- La que expone temas filosóficos, históricos, sociológicos y lingüísticos con el propósito del mejoramiento colectivo.[287]

A fin de contrastar mejor la situación política y literaria de cada país, e ilustrar la tesis sostenida al principio de este trabajo, esbozaré muy superficialmente la situación cubana, luego la dominicana y finalmente la puertorriqueña para entender mejor su discurso literario y cultural.

CUBA: UNA REPÚBLICA FRUSTRADA

En Cuba, este período comprende los mandatos de dos presidentes, Alfredo Zayas y Gerardo Machado, que prácticamente abarcan década y media, pues se extiende del 1921 al 1933. El gobierno de Alfredo Zayas (1921-1925) se caracterizó por la corrupción administrativa y la intervención extranjera en la política, especialmente la intromisión de Enoch Crowder, enviado especial del Presidente de Estados Unidos para fiscalizar al gobierno cubano. Llegó un momento en que dicho funcionario tuvo más poder que el propio presidente de la República. Indirectamente esto influirá en un resurgimiento nacionalista ya que Zayas no permitió que el enviado norteamericano interviniera en las finanzas nacionales como éste pretendía. Sin embargo, realmente no lo hacía por nacionalismo, sino para que no se descubriera la malversación de fondos de sus allegados. En el campo de política internacional se logra un avance, porque en el año 1925 Estados Unidos reconoce la Isla de Pinos – hoy Isla de la Juventud- como parte del territorio nacional de Cuba.

La amargura y el desaliento del pueblo cubano ante el intervencionismo extranjero y el desorden social y administrativo lo expresa -con gran acierto y feliz síntesis- Carlos Loveira en su novela *Juan Criollo*, publicada en el año 1928. Según él, la filosofía del momento podría reducirse a "la más profunda máxima de todos los tiempos" que cínicamente Juan Criollo aconseja a su hijo: "Si puedes, haz dinero honradamente. Si no, haz dinero. O redúcela para mayor facilidad y porque es bastante: haz dinero".   En *Generales y doctores* -de 1920- asegura que el cáncer que corroe a la República está integrado por aquellos militares y políticos entre quienes se repartía el erario público, a quienes llama los "presupuestívoros".

---

[287] Véase M. Robles de Cardona, *op. cit.*, 321.

El mandato de Gerardo Machado (1925-1933) resulta complejo porque su programa político constituía una verdadera revolución en su tiempo, ya que en él se proclamaba, entre otras medidas importantes:

- No permitir la reelección presidencial
- Fin de la Enmienda Platt
- Suscribir un nuevo tratado comercial con Estados Unidos
- Lograr reformas judiciales y educativas
- Otorgar la autonomía universitaria

Este gobernante realizó una encomiable labor administrativa, política y económica. Entre otros numerosos proyectos, trazó un plan para liberar al país de la dependencia económica de un solo producto, concertó tratados internacionales con varias naciones a fin de desembarazar a Cuba de la supeditación económica norteamericana, construyó el Capitolio y la carretera central que atravesaba toda la Isla, lo cual en ese tiempo representaba un importante avance en todos los órdenes. Sin embargo, se consideró imprescindible para alcanzar las reformas que se había propuesto y pidió al Congreso la extensión de su mandato por otro cuatrienio, pero sin ir a elecciones. Eliminó a quienes se oponían y con ello se convirtió en el primer dictador de los que habrían de sojuzgar a los cubanos.

Su mandato se caracterizó por la arbitrariedad y la persecución, sobre todo después de la prórroga de poderes y reelección. A los adversarios políticos se les amordazaba o asesinaba. La oposición se agudizó y la misma estaba integrada fundamentalmente por la juventud universitaria y el grupo clandestino ABC compuesto por miembros de la clase media cuyos dirigentes -en su mayoría- eran profesionales o intelectuales.

La revolución del 4 de septiembre de 1933 que destituye a Machado, deroga la Enmienda Platt y el Tratado Permanente.[288]

---

[288] Los dictadores suelen darse apoyo y el caso de Machado y Trujillo no es la excepción. El dictador cubano huyó hacia Santo Domingo donde el dominicano le dio albergue. Inclusive algunos de sus secuaces que huyeron con él hacia este hermano país ingresaron al ejército dominicano y pusieron en práctica los mismos métodos represivos que empleaban en Cuba. Este país, a su vez, pedía la extradición de Machado, pero Trujillo se negó a ello. Esto trajo problemas de relaciones diplomáticas entre ambos estados, pues el gobierno cubano facilitó la base militar de Mariel para entrenar una fuerza revolucionaria que derrocara a Trujillo, lo cual no se consiguió. Décadas más tarde sucederá lo mismo cuando el dictador cubano Fulgencio Batista entrega el poder y huye a Santo Domingo el 31 de diciembre de 1958, entonces el gobierno revolucionario permite el entrenamiento de hombres para invadir a la República Dominicana.

Estados Unidos no consideró prudente intervenir, pues el presidente Roosevelt consultó a varios gobiernos de Hispanoamérica los cuales desaprobaron cualquier acto intervencionista. Al año siguiente, mediante el Tratado de 1934 el gobierno norteamericano reconoce su derogación. No obstante, cuando se realiza el balance de lo acontecido, se aprecia que ya no era necesaria la Enmienda Platt ni el antiguo tratado para garantizar la dominación económica estadounidense. Esto explica el porqué en la Cuba de ese tiempo predominan los ensayos de tema económico y político.

Jorge Mañach calificó el Vanguardismo, -la corriente literaria que prevalece en este momento- como el estilo de la revolución y afirma que el mismo tuvo aceptación en Cuba, no tanto por la imitación o estímulo de lo nuevo, sino fundamentalmente por la insatisfacción social. Fue una forma de protestar contra el mundo circundante, porque sirvió para canalizar los anhelos colectivos. Explica:

> Aquella rebelión contra la retórica, contra la oratoria, contra la vulgaridad, contra la cursilería, contra las mayúsculas y a veces contra la sintaxis, era el primer ademán de una sensibilidad nueva, que ya se movilizaba para todas las insurgencias... Nos emperrábamos contra las mayúsculas porque no nos era posible suprimir a los caudillos, que eran la mayúscula de la política.

Y concluye que esta tendencia literaria sucumbió entre los escritores cubanos como movimiento polémico en cuanto creyeron encontrar una oportunidad real de expresión en lo político.[289]

El Grupo Minorista -del cual Mañach era parte- tiene una decisiva influencia en la vida nacional. El mismo estaba integrado por intelectuales y artistas de las dos primeras generaciones republicanas, sin embargo, carecía de estatutos y reglamentos. Eran personas con aspiraciones semejantes, con idénticas inquietudes literarias, políticas y económicas.[290] El grupo luchó por la renovación literaria e independencia económica de Cuba. Podría afirmarse que los planteamientos de Rubén Martínez Villena -quien fuera su animador y aglutinador- resumen muy bien las ideas latentes entre

---

[289] Jorge Mañach. *Historia y estilo* (Editorial Minerva: La Habana, 1944) 96-97, 201.
[290] Entre otros numerosos ensayistas podríamos citar a: Conrado W. Massanguer, Emilio Roig de Leuchsenring, Eduardo Abela, José Manuel Acosta, Juan Antiga, Luis A. Baralt, Otto Bluhme, Diego Bonilla, Mariano Brull, Alejo Carpentier, José Antonio Fernández de Castro, Antonio Gattorno, Luis Gómez Wangüemert, Max Henríquez Ureña, Francisco Ichaso, Félix Lizaso, Luis López Méndez, Jorge Mañach, Armando Maribona, Juan Marinello, Guillermo Martínez Márquez, Rubén Martínez Villena, Andrés Núñez Olano, Alfredo T. Quílez, Arturo Alfonso Roselló, Octavio Seiglie, Enrique Serpa, Juan José Sicre, José Z. Tallet, Jaime Valls y Osmán Viamonte. Véase: M. Henríquez Ureña. *Panorama histórico de la literatura cubana*, II, 354.

los minoristas en dos de sus obras: *Un aspecto del problema económico de Cuba* y *Cuba, factoría yanqui*. A su vez, se combate la intervención de Washington en los asuntos de Panamá, Nicaragua y México. También los excesos de los dictadores latinoamericanos, como Juan Vicente Gómez de Venezuela y, en particular, los excesos de Gerardo Machado en Cuba. Nos percatamos que el ensayo de estos escritores:

- Denuncia los males sociales existentes, principalmente la corrupción y la ingerencia foránea en la economía y la política.
- Realiza un análisis social, sicológico y cultural del cubano.
- Revaloriza la historia y la literatura cubana.
- Se interesa por las corrientes literarias, artísticas y de pensamiento universales.

En síntesis, éstas serían las directrices que encontramos en la *Revista Avance* (15 de marzo de 1927 al 15 de septiembre de 1930). Dicha publicación tuvo un preponderante papel en el desarrollo ideológico, cultural, político y literario en Cuba. Pese a los escasos años de su publicación, marcó la vida intelectual cubana.

Los escritores estuvieron inmersos y tomaron parte activa en el espíritu revolucionario que realizó la transformación de la Cuba de entonces. Según señala la historiografía cubana, la Constitución de 1940 recogió los anhelos de una renovación total en este país en pro de una mejor sociedad y con ella se inicia un período esperanzador para el pueblo. Esta fecha, hasta cierto punto, cierra un ciclo de luchas en la cual el quehacer cultural, artístico y literario estará supeditado a las cuestiones políticas.

REPÚBLICA DOMINICANA: LA ENTRONACIÓN DEL CAUDILLISMO

Las décadas bajo estudio resultan funestas para la República Dominicana, existía un mal que se venía incubando; en palabras del profesor Franco Pichardo:

> Desde que el dictador Mon Cáceres cayó abatido a balazos en noviembre de 1911 hasta la proclamación de la ocupación norteamericana ocurrida cinco años después, [...] la República vivió un tortuoso proceso de intranquilidad política y social que

desquició el curso natural del desenvolvimiento económico de las fuerzas productivas nativas. [291]

Tras la renuncia del Presidente Juan Isidro Jiménez el 7 de mayo de 1916, se elige al Dr. Francisco Henríquez y Carvajal. Pero el 29 de noviembre de ese mismo año, el Capitán Knapp, Comandante de la flota norteamericana del Atlántico, amparándose en la Convención Domínico-americana del 8 de febrero de 1907,[292] proclama que la República queda bajo el control de un gobierno militar.

Le sucede el Contralmirante Thomas Snow, quien gobierna de 1918 a 1921. Durante este tiempo, las relaciones entre invasores e invadidos se hicieron más tirantes debido a las medidas represivas tomadas, especialmente la reconcentración de campesinos, para combatir a los revolucionarios. La Unión Nacional Dominicana, bajo el liderazgo de don Américo Lugo tuvo un preponderante papel en la lucha contra la ocupación norteamericana, fomentando el nacionalismo.

A Snow le sucede el Contralmirante Samuel S. Robinson quien permanece en el poder de 1921 al 1922. Mientras tanto, desde Cuba el doctor Henríquez y Carvajal desarrollaba una intensa campaña contra el gobierno interventor, la cual recibió el apoyo de los países latinoamericanos que protestaron ante el Presidente Woodrow Wilson. Esto hará que el 24 de diciembre de 1920 el Presidente norteamericano pida al gobierno militar que inicie el proceso de desocupación en Santo Domingo.[293]

El 21 de octubre de 1922 prestó juramento como Presidente Provisional Juan Bautista Vicini Burgos, pero permanecía como Gobernador Militar el General Henry Lee. Según Franco Pichardo: "En estos momentos, en la realidad de los hechos existían dos gobiernos en la República Dominicana: uno aparente, el de Vicini, y otro real, el del gobernador Lee."[294]

Se inició la llamada Tercera República con la juramentación del General Horacio Vásquez el 12 de julio de 1924 y una nueva Constitución para el país. El Gobernador Militar y las tropas

---

[291] F. Franco Pichardo, op. cit., 429-430.
[292] Según esta Convención, se autorizaba al Presidente de los Estados Unidos a nombrar un Receptor General de las aduanas del país y a sus funcionarios, para que cobraran los aranceles como una forma de asegurar el pago de la deuda pública. El artículo tercero se consideraba el más lesivo porque en él se prescribía que Santo Domingo no podía aumentar la deuda sin el consentimiento de Estados Unidos. Véase Jacinto Gimbernard. Historia de Santo Domingo (Editora Cultural Dominicana, S. A.: Santo Domingo, 1976) 410-413.
[293] Véase, J. Gimbernard, op. cit., 457-458; F. Franco Pichardo, op. cit., 442-444.
[294] F. Franco Pichardo, op. cit., 469.

estadounidenses abandonan la República. Sin embargo, el 27 de diciembre de 1924 se firmará una nueva Convención entre la República Dominicana y los Estados Unidos, la cual sustituía la del año 1907. Aunque más o menos se mantenían las mismas disposiciones, había dos modificaciones importantes, una de aspecto político, otra económico. Las mismas establecían que se sometería a arbitraje cualquier divergencia en la interpretación del acuerdo y se reducía el interés aplicable a la amortización del empréstito de 1908 y la emisión de bonos de 1918.[295]

Se considera que de 1924 al 1929 se vivió la mejor época en la República, ya que el país contaba con elevados ingresos. No obstante, la corrupción gubernamental fue adueñándose de todos los niveles y esto comenzó a erosionar la confianza del pueblo en el gobierno. A lo cual debe añadirse las dificultades económicas debido, entre otros hechos, a la Gran Depresión en Estados Unidos y los problemas políticos que se suscitaron. Sobre el particular, explica el historiador Gimbernard:

> Se hablaba de una corrupción administrativa de vastas proporciones en el gobierno, de ciertos funcionarios de importancia que vivían en opulencia en contraste con los funcionarios gubernamentales del pasado que presentaban a la pobreza nacional una vida austera y limitada económicamente.[296]

El Presidente Vásquez, a pesar de que la nueva constitución limitaba el período presidencial a cuatro años y prohibía la reelección, aceptó la idea de ocupar la presidencia por seis años, según la Constitución de 1908. Quienes proponían esto se amparaban en que el funcionario había sido electo cuando estaba vigente ésta última, mientras sus oponentes señalaban que él había juramentado bajo la Constitución de 1924. Se organizó, por consiguiente, una campaña en todo el país a favor de la extensión del período presidencial y la reelección de Vásquez.

A principios de 1930 se suscitaron una serie de conflictos políticos que en el fondo respondían a la crisis económica del país y a las maquinaciones del Jefe del Ejército Nacional, Rafael Leónidas Trujillo Molina, para derrocar al Presidente. El 3 de marzo de ese año, el Dr. Rafael Estrella Ureña presta juramento como Presidente Interino de la República.

---

[295] Para conocer dicha Convención, véase F. Franco Pichardo, *op. cit.*, 472-474.
[296] J. Gimbernard, *op. cit.*, 470.

En este escenario, Trujillo comienza su campaña represiva contra sus oponentes hasta que el 16 de agosto de 1930 juramenta como Presidente de la Nación y Estrella Ureña como vicepresidente. Franco Pichardo explica la significación de este hecho:

> En un país tradicionalmente gobernado por un puñado de familias de abolengo, el advenimiento de un militar segundón, despreciado, incluso, en aquellos círculos sociales exclusivos que intentó penetrar en su juventud, fue visto por la clase media, sector de donde provenía en mayor parte los intelectuales, con cierto regocijo. Y los golpes que de inmediato asestó el nuevo gobernante contra ciertos sectores de la intocable aristocracia (léase oligarquía) terrateniente, profundizó este regocijo.[297]

En septiembre de ese año el huracán San Zenón devastó la República. La reconstrucción nacional se utilizó para mitificar la figura del Dictador haciéndolo ver ante el pueblo como el "Restaurador de la Patria", por consiguiente desde entonces se le llamará "Benefactor de la Patria" y el "Padre de la Patria Nueva".[298] El 16 de mayo de 1934 inicia su segundo término con el cual se consolida la dictadura.

Debido a las presiones internacionales por la masacre de los haitianos, hecho ocurrido en la madrugada del 2 de octubre de 1937, Trujillo no se reeligió en los comicios de 1938, pero el nuevo gobernante dejó ver que su mandato sería una continuidad del gobierno del dictador, pues confirmó el mismo gabinete de Trujillo y le otorgó a éste los mismos privilegios que gozaba el Presidente de la República.

El 24 de septiembre de 1940, los Estados Unidos dejan el control de las aduanas y se lo entregan al gobierno dominicano, lo cual era un anhelo del pueblo. Sin embargo, Trujillo verá en esto una forma más de acrecentar su riqueza, porque la presencia norteamericana en ese puesto le impedía aprovecharse de ello.

La ascensión de Trujillo al poder signará todos los acontecimientos del país, al punto que Joaquín Balaguer considera que la historia de la literatura dominicana en el siglo XX se podría dividir en dos grandes períodos: "El de la generación anterior al año

---

[297] Franklin Franco Pichardo. *Santo Domingo, cultura, política e ideología* Sociedad Editora Dominicana, S.A.: Santo Domingo, 1997) 144-145.
[298] Trujillo se valió de múltiples formas para crearse una imagen egregia ante el pueblo. Véase, Andrés L. Mateo. *Mito y cultura en la era de Trujillo* (Editora de Colores, S.A.: Santo Domingo, 1993).

1930 y el de la que surge o llega a su plenitud intelectual durante la llamada *Era de Trujillo*".[299]

Trujillo maquinó cuidadosamente cómo atraerse a los intelectuales dominicanos, para lo cual supo valerse de múltiples inquietudes nacionales tales como el anti-norteamericanismo, el anti-haitianismo y el nacionalismo, que en forma muy sutil sabía explotar. Muchos intelectuales fueron seducidos, pero, a la larga, descubrieron el juego del dictador, entonces se convirtieron en críticos del régimen. Hoy resultan fundamentales ambas visiones para entender el pensamiento dominicano, como bien explica Héctor Incháustegui Cabral:

> Con los dos libros mencionados[300] Bosch entronca su tarea de escritor con una noble tradición cuyo representante anterior e inmediato es Manuel Peña Batlle, aunque las ideas de Peña Batlle y las de Bosch sobre materias determinadas sean en muchos puntos disímiles, a veces contrapuestas, pero esas diferencias, que habrá que calificar en su oportunidad y sin las cuales o puede pasársela la historia social dominicana, no vienen al caso.[301]

Los ensayistas que tratan los problemas que afectan al país –la soberanía nacional, la corrupción gubernamental, la economía nacional, el caudillismo, la dominicanidad, los problemas políticos, la dictadura...- pertenecen a los dos grupos generacionales que Balaguer indica.[302] La dictadura trujillista se mantiene durante tres décadas hasta que cae abatido el 30 de mayo de 1961. En este largo período, los ensayistas se mantendrán en la palestra pública.

PUERTO RICO: UNA AUTONOMÍA CULTURAL

Por su parte, Puerto Rico, tras los acontecimientos del 1898, queda bajo un gobierno militar, mientras la administración gubernamental retenía gran parte de la estructura y de los funcionarios existentes bajo el dominio español. Los puertorriqueños estuvieron luchando

---

[299] Joaquín Balaguer. *Historia de la literatura dominicana* (Gráfica Guadalupe: Argentina, 1972) 225.
[300] Se refiere a *Crisis de la democracia de América en la República Dominicana* y *Trujillo, causa de una tiranía sin ejemplo*.
[301] Héctor Inchaustegui Cabral. *De literatura dominicana siglo veinte* (Universidad Católica Madre y Maestra: Santiago, República Dominicana, 1968) 217.
[302] Entre otros, merecen nombrarse: Francisco Henríquez y Carvajal, Federico García Godoy, Fabio Fiallo, Américo Lugo, Pedro Henríquez Ureña, Flérida Nolasco, Virgilio Díaz Ordóñez, Max Henríquez Ureña, Manuel Antonio Amiama, Camila, Henríquez Ureña, Ángel Rafael Lamarche, Delia Weber, Manuel Arturo Peña Batlle, Juan Isidro Jiménez Grullón, Tomás Hernández Franco, Emilio Rodríguez Demorizi, Vetillo Alfau Durán, Joaquín Balaguer, Juan Bosch, Félix Evaristo Mejías, Rufino Martínez, Pedro Troncoso Sánchez y Francisco Prats Ramírez.

por el establecimiento de un gobierno civil, al fin logrado dos años más tarde con la "temporera" Ley Foraker que durará diecisiete años.

Desde los comienzos de la intervención, se inicia un fuerte movimiento de anexión política en la Isla y las autoridades gubernamentales desarrollaron un proceso de norteamericanización, principalmente a través de la educación. A su vez, las grandes corporaciones absentistas comenzaron a comprar tierras y acapararlas para desarrollar la industria azucarera. Añádase a todo ello, el recelo existente entre los gobernantes y los funcionarios administrativos, lo cual genera gran insatisfacción entre el pueblo. En un artículo aparecido en *La Democracia* el 22 de febrero de 1904, Luis Muñoz Rivera explica la situación reinante:

> En 1901, ni un hijo del país -exceptuándonos nosotros- miraba con desconfianza a los Estados Unidos. Hoy, no ya los disueltos federales, sí que también los republicanos que no reciben beneficios directos y tangibles, se sienten heridos en sus sentimientos patrióticos, comprenden que se les engaña y se les desprecia, y no son, ni mucho menos, tan idólatras como antes, de las cosas que llegan del norte.[303]

Podría decirse que la filosofía de los líderes políticos de entonces se reducía a conseguir paulatinamente diferentes reformas, según confiesa el propio Muñoz Rivera: "En el momento actual el patriotismo consiste en luchar por reformas prácticas, que aseguren la preponderancia del país en asuntos locales."[304] Bolívar Pagán, a su vez, resumiendo la realidad existente, señala que la opinión de Puerto Rico tendía "[...] a dividirse en dos bandos irreconciliables; de pro-americanos y anti-americanos."[305]

En marzo de 1917 se aprobó la Ley Jones que significaba un paso de avance para el establecimiento de un gobierno propio. Sin embargo, al Gobernador continuaba nombrándolo el Presidente, no lo elegía el pueblo. Es el largo período de gobernadores norteamericanos que desconocían, en su gran mayoría, la realidad puertorriqueña, pero con todo y eso venían a dirigir el gobierno insular. La definición del estatus político, la situación social, el estado económico y la valoración cultural representan los problemas principales de este tiempo. Dichos temas acaparan la prosa periodística, así como la mayoría de los ensayos.

---

[303] Citado por: Bolívar Pagán. *Historia de los partidos políticos puertorriqueños (1898-1956)* I (Manuel Pareja: Barcelona, 1972) 115.
[304] Citado por: Manuel Maldonado Denis. *Puerto Rico, una interpretación histórico-social* (Siglo XXI: México, 1974) 97.
[305] B. Pagán, *op. cit.*, 121.

La revista *Índice* es clave para entender esta realidad. Generalmente la crítica le ha dado importancia a la encuesta realizada por esta publicación para definir el *qué somos* y *cómo somos*; sin embargo, ha soslayado temas como el de la política o la economía insular, los cuales abundan y están escritos en un tono fuerte que contrasta con la ecuanimidad de otros artículos. Una lectura general de la misma nos advierte que en sus páginas se afirma que:

- Puerto Rico se ha convertido en una colonia comercial de Estados Unidos
- El monocultivo, el latifundio y el absentismo constituyen los grandes males económicos
- La industria azucarera cobra pujanza, mientras la cafetalera decae[306]
- El capital nativo cada vez pierde más terreno frente al extranjero
- No existe el ahorro porque los pequeños propietarios carecen de verdadera independencia económica
- Existe un progreso ficticio bajo la hegemonía del colectivismo capitalista norteamericano y que los puertorriqueños no se han asociado para combatirlo
- Estados Unidos mantiene el control aduanero

Esta publicación asegura que el sometimiento político persigue un fin económico, y para afianzarlo se interfiere en el aspecto cultural, lo que conlleva una especie de anulación espiritual del pueblo para que no se percate de esto. Véase el siguiente fragmento:

> A los efectos de convertir a Puerto Rico en una auténtica factoría colonial, el invasor no limita su táctica a fomentar la anulación de nuestra personalidad histórica, suplantando nuestros valores de cultura e insertando en nuestra vida espiritual modelos de expresión anímica de inadmisible sentido.[307]

Como se puede apreciar, no emplea un lenguaje moderado ni un tono ecuánime, tampoco recurre a un lenguaje figurado, sino directo. Muestra un abierto desafío a la política del momento y, en

---

[306] Es oportuno destacar que en la vida política y cultural puertorriqueña se ha identificado el café con lo nacional, mientras la caña con lo extranjero. Véase R. Fernández Valledor, *op. cit.*, 192-195.
[307] *Índice* (Editorial Universitaria: Río Piedras, 1979) 5.

cierto sentido, nos recuerda el discurso nacionalista albizuista. Se establece, pues, un vínculo entre lo cultural, lo político y lo económico.

El movimiento nacionalista bajo el liderazgo de don Pedro Albizu Campos tuvo gran ascendencia en la sociedad puertorriqueña de los años 30 y de manera especial entre sus intelectuales. Enrique A. Laguerre explica el alcance y la influencia de este líder nacionalista en la generación de escritores de su tiempo:

> Sería frívolo no reconocer que fue la conmoción fomentada por Pedro Albizu Campos lo que dio mayor ímpetu a las ansias de afirmación y de creación de aquel significativo momento. No se puede escribir la historia de la cultura puertorriqueña contemporánea, en todas sus fases creadoras, con el olvido deliberado de aquellas circunstancias. Los jóvenes de entonces necesitaron un acicate para crear nuevos modos de expresión cultural y hasta nuevos modos de expresión política.[308]

Albizu ejerció un ascendiente decisivo en el movimiento cultural y político del país, y Laguerre considera que fueron sus rebeldías las que impulsaron las reformas sociales y políticas en los líderes del centro, por eso su gestión en la vida puertorriqueña del momento lo convierten en "[...] uno de los más influyentes caudillos intelectuales de la Generación de los Treinta."[309]

Si se estudia detenidamente las inquietudes de esta generación de escritores, las mismas ya estaban presentes en los discursos y escritos de Albizu. Yo reduzco a cinco las ideas rectoras de su pensamiento político:

- Definición de la conciencia nacional puertorriqueña
- Defensa de la hispanidad
- Solidaridad con Hispanoamérica
- Denuncia de los males internos: monopolio azucarero, organización económica insular, tarifas de cabotaje y la enseñanza en inglés
- El jíbaro se convierte en símbolo de lo puertorriqueño porque es el refugio más eficaz de la personalidad colectiva

---

[308] Enrique A. Laguerre. "Caudillo intelectual de una generación". *Hablan sobre Albizu Campos* (Editorial Jelofe: San Juan, 1979) 93.
[309] *Ibíd.*, 94.

de la Isla, porque gracias a su analfabetismo el inglés no ha podido mutilar su mentalidad[310]

En cierto sentido, el discurso albizuista influirá en la formulación del pensamiento treintista.

Los intelectuales ven que la Isla está inmersa en un sistema económico, político y social que coacciona su plena realización. El punto de apoyo que tienen es lo cultural, por eso se valen de lo literario para contrarrestar al sistema. Persiguen una autonomía cultural y el fortalecimiento de la misma para combatir los problemas. Pedreira lo expone tácitamente en el "Aterrizaje" de *Índice,* el 13 de abril de 1930:

> Si en la esfera comercial, si en las relaciones políticas con la metrópoli, si en la actividad educativa, si en los inevitables contactos coloniales, se ha enseñoreado, a favor de solapadas penetraciones, la disolvente preocupación de obligar a que se exprese en dos idiomas un pueblo que sólo tiene un espíritu y una tradición y una cultura, urge evitar que llegue esa preocupación hasta el ámbito de nuestra literatura, única arma de defensa que nuestra condición de colonia nos ha dejado para proteger y conservar aquello que nos es más caro, la personalidad puertorriqueña.[311]

Luis Muñoz Marín supo aprovechar el autonomismo literario del momento en la búsqueda de una autonomía política para Puerto Rico, lo cual explica la militancia en el partido que fundara de prominentes figuras de esta generación literaria.[312] El advenimiento al poder del Partido Popular en la década del cuarenta, sirve de cauce a las aspiraciones nacionales de los puertorriqueños. Este partido logra captar los anhelos del país y esto se debe, en gran medida, a que supo valorar el aspecto cultural cuya muestra más representativa fue la creación del Instituto de Cultura Puertorriqueña que ha tenido una influencia decisiva en la vida literaria, cultural y artística de la Isla. Es más, una atenta revisión a la obra de Pedreira se aprecia que en ella permea no sólo el autonomismo literario, sino el político también.

---

[310] Véase Roberto Fernández Valledor. "Albizu y la generación del 30". *El Cuervo* (Aguadilla, enero-junio 1992) 5-11.

[311] *Índice, op. cit.,* 202. Véase, además, 331-334.

[312] Sobre el nacionalismo cultural muñocista, véase R. Fernández Valledor, *op. cit.,* 168-172; Juan Manuel García Passalacqua, editor. *Vate, de la cuna a la cripta: el nacionalismo cultural de Luis Muñoz Marín* (Ateneo Puertorriqueño: San Juan, 1998); Pedro Reina Pérez. *Cavilando el fin del mundo* (Editorial Cultural: Río Piedras, 2005).

Los integrantes de esta generación[313] se enfrascaron en la forja de una conciencia colectiva y se esforzaron por discutir y resolver los problemas que se vivían. En gran medida el ensayo fue el vehículo adecuado para recoger los planteamientos que se discutían en el foro político. Digámoslo, no resolvió todos los problemas, pero sí los sacó a la palestra pública. Y en este sentido considero que constituye su gran aportación a lo político y lo cultural.

Acostumbrados como estamos al fraccionamiento cultural y literario, o la insularidad artística, puede dar la impresión que existe una desvinculación entre estos países antillanos. Sin embargo, apreciamos que se vive una estrecha relación entre las Antillas, la cual se da a través de la amistad, los trabajos intelectuales, publicaciones, conferencias, correspondencia y mil formas más. En *Índice*, por ejemplo, aparece este vínculo con el minorismo cubano. Como ejemplo:

- En julio de 1929 anuncia la visita a la Isla del minorista Virgilio Ferrer Gutiérrez.
- El número 11 recoge una de las directrices de *Avance* dedicada a Puerto Rico
- En el número siguiente contestan los puertorriqueños
- Protestan por el ultraje a la intelectualidad cubana por el asesinato de Rafael Trejo y el encarcelamiento de Juan Marinello.

A todo lo cual se debe añadir la vinculación de Puerto Rico con Santo Domingo a través del pensamiento político de Pedro Albizu Campos.[314]

En el balance valorativo de *Índice*, su mayor elogio podría ser que sirvió de cauce para que los intelectuales plasmaran sus inquietudes del momento. También el que esta publicación realiza en Puerto Rico la misma función que *Avance* en Cuba, porque representa el vehículo y guía del pensamiento insular. Concha

---

[313] Entre otros muchos ensayista puertorriqueños de este tiempo podemos mencionar a: Miguel Meléndez Muñoz, Antonio S. Pedreira, Samuel R. Quiñones, Pedro Albizu Campos, Alfredo Collado Martell, Vicente Géigel Polanco, Concha Meléndez, Margot Arce de Vázquez, Rubén del Rosario, José A. Balseiro, Cesáreo Rosa-Nieves, Francisco Manrique Cabrera, Enrique A. Laguerre. José Ferrer Canales, Tomás Blanco, Emilio S. Belaval, José Padín y Juan Antonio Corretjer.
[314] Véase F. Franco Pichardo. *Santo Domingo: Cultura, política e ideología, op. cit.*, 128-129; Pedro Albizu Campos. *Obras escogidas* (Editorial Jelofe: San Juan de Puerto Rico, 1975) 49-55.

Meléndez va más allá y la compara, además de *Avance*, con *Amauta* del Perú y *Contemporáneos* de México.[315]

PALABRAS FINALES

Los cubanos, dominicanos y puertorriqueños vivieron momentos decisivos en su vida política y cultural durante las décadas del vente y el treinta del siglo XX; los escritores no se desvincularon de su circunstancia e intervinieron en ella con su quehacer artístico para salvaguardar los ideales de justicia y dignidad del ser humano. Ellos se enfrascaron en la forja de una sociedad en la cual la conciencia colectiva lograra su asiento en el plano cultural y en lo político una estabilidad nacional. Leer la ensayística de estos tres países, como he indicado, permitirá abundar en su realidad social y literaria, ya que los intelectuales de entonces sentaron unas bases significativas en las vidas de sus respectivos pueblos.

Los dominicanos debieron enfrentarse a problemas más difíciles, pues les tocó vivir la peor época en su desarrollo como pueblo. Aunque el Dictador logró dividir a la intelectualidad, a la postre se logró la integridad nacional y el pueblo valoró el sentimiento patrio. Los cubanos, a su vez, tras luchas intestinas se aglutinan en torno al pensamiento martiano y logran la Constitución de 1940 que representó, para la gran mayoría de los historiadores, uno de los logros más grandes para la República. Por su parte, los puertorriqueños entendieron la importancia de su definición ontológica y obtendrán la autonomía política como habían luchado y logrado en lo cultural.

Nunca antes como entonces, el ensayo sirvió en estas Antillas de habla española como el vehículo idóneo para expresar sus inquietudes políticas, sociales, culturales y artísticas. Y los ensayistas, a su vez, mostraron su interés y preocupación por los problemas nacionales. La intelectualidad, por consiguiente, no se desvinculó de su circunstancia política ni social y principalmente en la prensa, siguiendo el pensamiento hostosiano que consideraba un sacerdocio la función del periodista, plasmó con gran civismo las preocupaciones patrias. Sintetizando este período decisivo en la vida antillana puede considerarse como una lucha por ser en las tres islas hermanas y abrazadas.

---

[315] Concha Meléndez. "El llamado de la montaña". *Signos de Iberoamérica* (Editorial Cordillera: San Juan, 1970) 99.

AZÚCAR Y LITERATURA:
LA NOVELA ANTILLANA DE LA CAÑA

El novelista no demuestra ni cuenta:
recrea un mundo. Aunque su oficio es
relatar un suceso –y en este sentido se
parece al historiador- no le interesa
contar lo que pasó, sino revivir un
instante o una serie de instantes,
recrear un mundo.

Octavio Paz

A Bruno Rosario Candelier,
con fraternal abrazo interiorista

La literatura constituye una importante fuente de información sobre el desarrollo y el pensamiento de los pueblos, ya que en ella quedan plasmados los acontecimientos, las ideas, las vicisitudes, las aspiraciones y los sinsabores de la gente que los integran. En los manuales de historia aparecen los hechos y las estadísticas, pero en la creación literaria se aprecia la vivencia de esos hechos y las realidades humanas de las escuetas estadísticas.

En este trabajo analizaré lo que ha significado la industria azucarera para Cuba, Puerto Rico y la República Dominicana y cómo la novelística de estos pueblos ha recreado este hecho en la vida de sus personajes, que encarnan al ser humano real. Incursionar en esta narrativa, por consiguiente, representa descubrir el angustioso calvario de nuestro campesinado por sobrevivir. Me parece que una frase del querido y recordado novelista puertorriqueño, don Enrique A. Laguerre, lo describe muy bien: "El infierno del cañizar".

Las Antillas de habla hispana se convirtieron en un vasto cañaveral donde hombres y mujeres día a día luchaban para no ser devorados por el trabajo, el hambre, las enfermedades y la indefensión. Según se podrá apreciar, analizar las luchas y los problemas en cualquiera de estas islas, significará verlos reproducirse en las otras. En cada una, con sus características particulares, se repetirán hechos muy similares; por esta razón podemos hablar de islas gemelas o como decía Martí "islas abrazadas".

Estas novelas sobre el cañaveral permitirán al lector actual comprender mejor la situación en que vivieron y, en algunos casos, que aún viven el guajiro cubano, el jíbaro puertorriqueño o el campesino dominicano. Para que se pueda entender mejor lo que plantean los novelistas, presentaré primero el desarrollo de la industria azucarera en dichos países, su repercusión en el ser humano y el sentido de identidad nacional en ellos, para luego analizar individualmente la narrativa. De esta forma, se valorizará aún más la importancia de la novela de la caña en las Antillas para desentrañar la esencialidad de nuestros respectivos pueblos.

LA INDUSTRIA CAÑERA

Cristóbal Colón trajo los primeros plantones de caña en su segundo viaje (1493). Pronto se aclimataron a las Antillas y éstas se convertirán en un importante centro de producción azucarera, al punto que antes de 1515 se podría fijar ya la fecha en que La Española comienza la elaboración de azúcar y desde entonces se intensificará la misma. En Puerto Rico, ésta se inicia en al año 1523. La caña llegó a Cuba procedente de La Española, pero no será hasta la última década del siglo XVI que se montan los primeros ingenios para fabricar azúcar.[316]

Desde entonces, Cuba, Santo Domingo y Puerto Rico se convierten en importantes productores de azúcar y ésta será el denominador común de la economía antillana, ya que la minería – principalmente el oro y la plata- no resultó ser tan abundante como se creía, por eso el interés primordial en ese tiempo lo acaparan México y Perú. La industria azucarera, con sus altas y bajas, se irá incrementando hasta convertirse en la principal riqueza de la región. Las grandes potencias europeas fomentaron dicha producción en sus colonias: Francia en Haití, Inglaterra en Jamaica, Holanda en Curaçao, Aruba y Bonaire, España en Cuba, Puerto Rico y La Española. Para ello se valieron de los negros esclavos, quienes se convertirán en la principal fuerza trabajadora, de aquí resultará el importante binomio económico: azúcar-esclavitud.

Esta industria sufrirá constantes altibajos. Unas veces se intensificará la exportación gracias a la merma en la producción de las plantaciones de remolacha motivada por las guerras europeas; otras declinará debido a fenómenos naturales o por la saturación del producto en los mercados internacionales. Asimismo, a través de los siglos presenciaremos una constante renovación en los métodos de

---

[316] Véase Leví Marrero. *Cuba: Economía y sociedad* II (Editorial Playor, S.A.: Madrid, 1974) 305-309; Julio Le Riverend. *Historia económica de Cuba* (Editorial Ciencias Sociales: La Habana, 1985) 655; Juan Bosch. *Composición social dominicana: Historia e interpretación* (Alfa y Omega: Santo Domingo, 1981) 23.

producción.   Poco a poco se van transformando los primitivos trapiches con nueva tecnología hasta la aparición de la central.

Con la proclamación de la independencia de Haití el 1 de enero de 1804 se redoblará la producción azucarera en las Antillas españolas, porque en este país –entonces el principal productor de azúcar en el mundo- la industria se destruyó como consecuencia de las revoluciones y el éxodo del capital.   Según Manuel Moreno Fraginals: "Con la ruina de Haití, los precios del azúcar suben a los más altos niveles jamás alcanzados [...]"[317]   Esto hará que se vigorice aún más la producción cañera y se busque mejorar y aumentar la producción con maquinaria cada vez más sofisticada.

El incremento en la producción originó el llamado proceso de consolidación o concentración industrial, ya que se pretendía desarrollar la producción y cada unidad buscaba tener más caña que moler.   Por ejemplo, en el año 1860 en Cuba había unos 1,318 ingenios que producían 515,000 toneladas de azúcar; sin embargo, la molienda de los 250 ingenios de 1895 fue de un millón de toneladas.   En Puerto Rico, 550 ingenios en 1870 generaban 100,000 toneladas, cuarenta años más tarde sólo 15 centrales producirán 233,000 toneladas.   En el año 1910 había 146 ingenios, 41 de ellos se clasificaban como centrales y producían el 97% del azúcar puertorriqueño.   En la década del 30, las centrales podían moler más de doce veces la cantidad de caña que molían los viejos ingenios de 1888.   Asimismo, dicha concentración industrial estará bajo el capital norteamericano y en los años 1927-1928, más del 51% del total de azúcar molida en Puerto Rico la producían cuatro centrales propiedad de compañías norteamericanas.   A su vez, la ocupación de Santo Domingo por el ejército de Estados Unidos significó el desarrollo azucarero en la Isla, pues de 128,000 toneladas que se produjeron en el 1916 aumentó a 233,000 en el 1924.   En el año 1900 había 14 ingenios y ninguno era de propiedad norteamericana. En 1924, cuando cesa la ocupación, había 22 centrales, de éstas 12 eran de compañías norteamericanas, las cuales poseían el 81% de la tierra cañera del país y representaban el 82% del capital de esta industria.   Sólo tres de ellas producían aproximadamente el 50% del azúcar dominicano.[318]

---

[317] Manuel Moreno Fraginals. *El ingenio. Complejo económico social cubano del azúcar* (Editorial Crítica, S.L.: Barcelona, 2001) 81.
[318] Véase M. Moreno Fraginals, *op. cit.,* 469, 490-491; Jaime L. Dietz. *Historia económica de Puerto Rico* (Ediciones Huracán, Inc.: Río Piedras, 1997)123-127.

Con la aparición de estas grandes centrales, poco a poco van desapareciendo los ingenios que no pueden competir con ellas.[319] Este hecho permitirá que, en unos casos, haga su aparición el latifundio y que, en otros, se extienda cada vez más, debido a que las centrales necesitaban más caña que moler para así producir más azúcar.

Las corporaciones azucareras norteamericanas fueron penetrando consistentemente los mercados azucareros cubano, puertorriqueño y dominicano, bien comprando sus ingenios, o bien la producción de éstos. Lo hicieron desde tan temprano como en el siglo XIX, según señala Moreno Fraginals: "A los tres países de habla hispana (dos de los cuales todavía eran colonias) les quedaba un solo cliente en lo que su azúcar se refiere: Estados Unidos."[320] Julio Le Riverend, por su parte, indica que desde el año 1890 ya se constata que las grandes corporaciones de Estados Unidos buscaban controlar la producción azucarera cubana, sujetándola a las necesidades de ese mercado; por tal razón, la industria se desarrollará, en esencia, con el capital norteamericano.[321] Se podría decir que a estas tres islas se les aplicaba lo que Juan Bosch advertía sobre el azúcar en la República Dominicana del 1903, que ella se consideraba: "[...] una industria extranjera casi en su totalidad."[322]

Cada vez más la producción azucarera va creciendo y consolidándose y en esto jugarán un papel muy importante, tanto las empresas como el mercado estadounidense. Sobre el particular expone Moreno Fraginals:

> En 1900, la producción total de azúcar de Cuba, Puerto Rico y la República Dominicana fue de 430,000 toneladas, lo que equivalía aproximadamente al 4 por 100 de la producción mundial. Durante los veinte años siguientes, la industria azucarera cubana creció a un ritmo anual de 14,2 por 100; la puertorriqueña del 14,3 por 100 y la dominicana del 8,2 por 100, de tal modo que en 1920 los tres países elaboraban un total de 4,533,119 toneladas, equivalentes al 29,3 por 100 de toda la producción mundial [...] En los tres casos sin excepción, el proceso de crecimiento tuvo un rasgo común: el

---

[319] Lo que señala Ramiro Guerra sobre Cuba podría aplicarse a Puerto Rico y la República Dominicana: "El mayor número de ingenios débiles estaba en posesión de cubanos o españoles con viejo arraigo en Cuba." *Azúcar y población en las Antillas* (Editorial de Ciencias Sociales: La Habana, 1970) 176.
[320] M. Moreno Fraginals, *op. cit.*, 469.
[321] J. Le Riverend, *op. cit.*, 576, 579.
[322] J. Bosch, *op. cit.*, 231.

estímulo que recibieron de las respectivas intervenciones militares de los Estados Unidos.[323]

Para que se tenga una idea, en Cuba, aunque los ingenios y centrales, cuyos dueños eran cubanos, integraban el grupo mayor, su producción total era inferior a la de las centrales norteamericanas. En 1939, éstas últimas produjeron el 55.93% del azúcar.[324] Asimismo, cuando los norteamericanos salen de Santo Domingo en 1924, el azúcar representaba el 75% del total de ingreso por exportación y las empresas azucareras de Estados Unidos tenían en sus manos la mayor parte de la producción nacional.[325]

En Puerto Rico, por su parte, el azúcar significaba el 60% del valor total de exportación en el año 1930, ya que esta industria bajo el régimen de la ocupación norteamericana se intensificó. James L. Dietz lo explica: "La producción en 1930 fue más de diez veces el nivel de 1900 [...], para fines de la década del veinte la producción *anual* era mayor de lo que había sido la producción total en la última *década* del gobierno español."[326]

A simple vista se resalta la importancia del capital norteamericano en la consolidación y la producción azucarera de estas Antillas, ya que literalmente hablando éste controlaba la industria cañera.

LA TIERRA Y EL HOMBRE

Los grandes consorcios azucareros en las Antillas hispanas utilizaron todos los medios para obtener las tierras aledañas a sus propiedades, al punto de que lograron agregar vastas extensiones a sus dominios. Se puede colegir, por consiguiente, que el latifundio fue el vehículo idóneo para mantener la molienda en las centrales, pues esto les aseguraba que habría suficiente caña para moler. Ramiro Guerra entendía que: "Más del 40 por 100 del área total de Cuba, quizás, está dominada por el latifundio."[327]

En Puerto Rico desde el año 1900 regía una Ley del Congreso de los Estados Unidos que prohibía a las corporaciones poseer más de 500 acres, pero dicha Ley no fijaba penalidad alguna a sus violadores. Por tal razón, las corporaciones absentistas continuaban

---

[323] M. Moreno Fraginals, *op. cit.*, 486.

[324] J. Le Riverend, *op. cit.*, 579.

[325] Véase Franklin Franco Pichardo. *Historia del pueblo dominicano* II (Instituto del Libro: República Dominicana, 1992) 464-466, 472.

[326] J. L. Dietz, *op. cit.*, 121-122.

[327] R. Guerra, *op. cit.*, 82.

su expansión desmedida, a tal punto que en 1910 controlaban más del 64% de las tierras azucareras del país. No será hasta el 1941 que dicha Ley se pondrá en vigor.[328]

A partir de la ocupación norteamericana, los ingenios azucareros en la República Dominicana intensificaron el acaparamiento de tierras y multiplicaron la propiedad de las mismas. En 1915, los 15 ingenios existentes poseían 452,000 tareas de tierra, lo cual en cinco años se elevó a 2,700,662 tareas.[329] Esto significaba que los norteamericanos controlaban más del 30% de las tierras cultivables de la nación.[330] El caso de la República Dominicana puede ilustrar los diferentes recursos, legales o fraudulentos, a que recurrían estas corporaciones azucareras para adquirir más terrenos. Según el profesor Franco: Gracias a distintas estratagemas que incluían "[...] el uso de la fuerza bruta, unas veces, por medio de compras de terrenos, otras, o por procedimientos ilegales que envolvieron la falsificación de títulos y hasta su fabricación, [...lograron] apoderarse de cantidades extraordinarias de las mejores tierras [...]"[331]

En ese país, la Ley de Franquicias Agrarias promulgada en 1911 y la Ley de Registro de Títulos puesta en vigor en 1912 favoreció el que se despojara a los campesinos de las tierras que durante años poseían sus familias sin título alguno. Más tarde, en febrero de 1920, el Gobierno Militar promulgará la Orden Ejecutiva Núm. 511, bajo el nombre de Ley de Registro de Tierras, la cual reemplazaba la Ley de Terrenos Comuneros de 1911 y la de Registro de Títulos del 1912. A partir de dicha Orden, los desalojos se multiplicaron y las tierras se inscribieron como propiedad de los dueños de ingenios norteamericanos.[332]

Esto hará que se alce la voz contra el latifundio. El cubano Ramiro Guerra lo combatió denodadamente, al punto de considerarlo

---

[328] Véase Roberto Fernández Valledor. "Caña, café y tabaco en tres novelas de Enrique A. Laguerre: Su realidad social". *Atenea* (Universidad de Puerto Rico, Recinto Universitario de Mayagüez, Año XIX, 3ª época, núms.. 1-2) 28-29.

[329] Se considera una *tarea* la porción o extensión de tierra que el dueño o el mayoral le señalaba a los esclavos o empleados para que trabajaran. Una tarea comprende aproximadamente novecientas varas planas y una vara de tarea, seis varas. Véase Esteban Pichardo. *Diccionario provincial casi razonado de vozes y frases cubanas* (Editorial Ciencias Sociales: La Habana, 1976). Recordemos que una vara equivale a 0.836 metro. La vara cubana, a la que se refiere Pichardo equivale a 0.848 metro. Francisco E. Moscoso Puello indica que una caballería es igual a 1,200 tareas. *Cañas y bueyes* (Asociación Serie 23: Santo Domingo, 1975) 21.

[330] Véase F. Franco Pichardo, *op. cit.*, 464. Manuel Moreno Fraginals indica que en el año 1916 las compañías azucareras poseían 56,420 hectáreas de tierra y en 1924 eran dueñas de 159,913. *Op. cit.*, 490.

[331] F. Franco Pichardo, *op. cit.*, 450, 464.

[332] Véase *Ibid.*, 430, 433, 439, 447-448; M. Moreno Fraginals, *op. cit.*, 490.

el problema más grave de la República, pues entendía que el mismo socavaba la nacionalidad. Explica:

> [Cuando el latifundio azucarero] hace su irrupción en nuestro suelo, comienza la destrucción en gran escala de nuestra pequeña y media propiedad, y va reduciendo la clase cubana de propietarios rurales y cultivadores independientes, nervio de la nacionalidad, a la inferior condición de un proletariado que cada día siente con mayor agudeza la asfixia económica, que hoy ya alcanza y oprime al país de un extremo a otro.[333]

Y más adelante se reafirma: "[El latifundio] mina, socava, destruye en lo esencial y básico de la misma nacionalidad."[334] Entiende que realmente es el peor mal, ya que con él viene la subordinación al extranjero, la degradación política, el bajo nivel de vida del campesino, la importación de mano de obra extranjera con la cual se desplaza al obrero nativo, la explotación extensiva de la tierra, el monocultivo y una economía deforme.[335] Resume muy bien su pensamiento con una frase lapidaria: "Dentro del latifundio no hay esperanza."[336]

La posesión de la tierra se entendía no sólo como una forma de asegurar la subsistencia, sino también de imperiosa necesidad para mantener la integridad del país. El puertorriqueño Virgilio Dávila sirve de ejemplo. Instaba a sus compatriotas en el poema "No des tu tierra al extraño" a conservarla y no venderla a las corporaciones de Estados Unidos ya que, según él, vender la tierra significaba vender a la patria:

> No des por ningún dinero
> tu pedazo de vergel,
> que eres tú patriota fiel
> y de legítimo cuño,
> y el que vende su terruño
> vende la patria con él.[337]

En el soneto "¡Responde!" insiste de nuevo en la importancia de preservar la tierra en manos puertorriqueñas:

> Te lo dijo Matienzo y no quisiste
> oír del prócer el consejo sano,

---

[333] R. Guerra, *op. cit.*, 74-75.

[334] *Ibid.*, 88.

[335] *Ibid.*, 105-106.

[336] *Ibid.*, 91. Véase, además, Roberto Fernández Valledor. *Identidad nacional y sociedad en la ensayística cubana y puertorriqueña, 1920-1940* (Centro de Estudios Avanzados de Puerto Rico y el Caribe: San Juan de Puerto Rico, 1993) 102-106.

[337] Virgilio Dávila. *Aromas del terruño* (Editorial Cordillera: San Juan de Puerto Rico, 1966) 77.

y poco a poco en extranjera mano
cayendo va la tierra.

Si el alma del criollo no resiste
la tentación del oro americano,
en un futuro por más cercano
llegará un día doloroso y triste.[338]

Se consideraba tan importante mantener la posesión de la tierra que en Cuba, por ejemplo, se llegó a plantear ante las Cámaras Legislativas en el año 1902 que se prohibiese la venta de tierras a los extranjeros. Existen numerosos testimonios literarios en las Antillas bajo estudio que recalcan esta idea.

Para mantener activa esta industria, las corporaciones necesitaban abundante mano de obra barata. Para ello se contrataba a cientos de miles de trabajadores que cortaran caña durante tres o cuatro meses, aunque luego no tuvieran trabajo en el llamado "tiempo muerto". Como existía un alto por ciento de desempleo se trabajaba por un mísero sueldo. Por ejemplo, en Cuba el número de cortadores de caña que se necesitaba para la zafra de 1900 era de unos 30,000 trabajadores, mientras que en el año 1925 fue de 315,000.[339]

Entonces en Cuba y Santo Domingo se recurre a la práctica de importar braceros extranjeros, no porque no hubiera obreros dispuestos a trabajar, sino porque resultaba más barato. Según explica Ramiro Guerra, mediante un decreto del presidente José Miguel Gómez, a fines de 1912 se autorizó a la United Fruit que trajera 1,400 haitianos, mientras que Moreno Fraginals considera que la importación legal y regular de trabajadores comenzó en el año 1913 al concedérsele permiso a la Nipe Bay Company para traer mil peones jamaicanos. Lo cierto es que entre 1913 y 1929 entraron a Cuba unos 280,000 haitianos y jamaicanos. Según el censo de 1933, había en Cuba 79,838 haitianos y 40,471 jamaicanos, pero el Departamento de Inmigración calculaba en más de 150,000 el total de ambas nacionalidades.[340]

La concentración mayor de estos braceros estaba en las antiguas provincias de Camagüey y Oriente, por ser las más cañeras

---

[338] *Ibíd.*, 78. Véase, además, en este poemario la composición "Lo que dice la tierruca", 31-35.
[339] M. Moreno Fraginals, *op. cit.,* 470, 495.
[340] *Ibíd.,* 495; R. Guerra, *op. cit.,* 155-159. Guerra expresa que: "En Cuba, el poder financiero ha procedido de los Estados Unidos –bancos y refinadores principalmente–; el trabajo despreciado ha sido y es el de haitianos y jamaiquinos; la metrópoli beneficiada, los Estados Unidos [...]" *Op. cit.,* 78.

y las más próximas a las islas de Haití y Jamaica. Muchos de estos obreros "transitorios" se quedaban en Cuba y vivían en condiciones de extrema pobreza. Aún recuerdo de adolescente haber visto a muchos de ellos en Camagüey, sus bohíos, sus solares y arrabales, sus prostíbulos y los "barracones" donde los hospedaban algunas centrales. El 19 de octubre de 1933 se decretó en Cuba la repatriación obligatoria de todo extranjero que no trabajara y careciera de medios de vida. Según explica Moreno Fraginals:

> El resultado fue la expulsión de haitianos y jamaicanos (principalmente de los primeros), de la que se encargó el ejército cubano en una operación llena de incidentes de extrema violencia. Sin embargo, el número real de haitianos deportados fue inferior a 10,000: la presión que las compañías azucareras ejercieron para proteger sus reservas de trabajadores en paro puso fin a la escandalosa medida.[341]

La agricultura en la República Dominicana se caracterizó por el cultivo del "conuco" o pequeños predios donde los campesinos sembraban lo necesario para subsistir, ya que la gran mayoría de la población vivía en el campo en núcleos apartes. Por esta razón, resulta comprensible que la industria azucarera dominicana dependiera de la mano de obra extranjera. De esta forma se inició la importación de braceros procedentes de las colonias inglesas, pues al haitiano se le miraba con recelo debido a las invasiones y conflictos con este país desde siglos pasados. No obstante, tras la ocupación norteamericana, los intereses azucareros se fijaron en Haití, un país muy pobre con abundante mano de obra barata y muy próximo a Santo Domingo. Así dio comienzo una creciente y constante inmigración de haitianos a la República.[342]

Era tan obvia la injerencia extranjera en esta industria, que en el año 1935 se decretó una ley con el fin de "dominicanizar la zafra azucarera". Dicha ley determinaba que el 70% de los trabajadores en ella fueran dominicanos. Realmente lo que se pretendía era la expulsión de los haitianos que constituían el grupo mayoritario de extranjeros y que desplazaban a los trabajadores nativos. Sin embargo, como expone Franco Pichardo: "Las presiones ejercidas por los dueños de ingenios norteamericanos obligaron al gobierno a echar a un lado dicha legislación sin ser derogada."[343] Dos años

---

[341] M. Moreno Fraginals, *op. cit.*, 496. Véase, además, la página 497.
[342] Véase *Ibid.*, 501-502; F. Franco Pichardo, *op. cit.*, 457, 459
[343] F. Franco Pichardo, *op. cit.*, 524.

más tarde, en 1937 Trujillo ordenará el cruel genocidio de haitianos en la frontera dominicana.

En Puerto Rico no existía el problema de importación de mano de obra extranjera, pero durante las primeras décadas del siglo XX abundaban las personas desempleadas. Esto permitió bajar los salarios, lo cual trajo como consecuencia que se vieran forzados a trabajar otros miembros de la familia, lo que, como es lógico, aumentó la mano de obra barata. El salario promedio semanal en 1935 era de $3.34, de lo cual alrededor del 94% se gastaba en alimentos. Explica el economista Dietz:

> El nivel de vida de la gran mayoría de la población, y particularmente de los trabajadores agrícolas, empeoró durante los primeros años de la década en la medida que aumentaba el desempleo, bajaban los salarios y los ingresos, y los precios de los artículos necesarios aumentaban en relación con los salarios.[344]

Mientras las corporaciones absentistas acrecentaban sus ingresos, el jíbaro se iba esclavizando a ellas con el mísero jornal que recibía trabajando de sol a sol. Esto explica por qué entre 1931 y 1934 se suscitaron numerosas huelgas cañeras. Para que se tenga una idea, en una de las más famosas de ese tiempo, se pedía un aumento salarial de 40%, porque el costo de vida se había incrementado entre 33% y 45%. Si observamos, el aumento que exigían realmente no era suficiente para cubrir sus necesidades y seguirían viviendo en la misma penuria de antes. Pidieron, además, que la jornada de trabajo se redujera a ocho horas, también el que se les pagara en efectivo y no con vales como se acostumbraba hacer.[345]

Las centrales buscaron todos los medios posibles para enriquecerse y explotar a los obreros, para ello controlaban tiendas, electricidad, transportación... En las tiendas, por ejemplo, vendían todo lo necesario a sobreprecio. Mediante vales o "tokens" les pagaban a los obreros quienes debían redimirlos allí. Al final era bien poco lo que cobraban en efectivo. Advierte Moreno Fraginals que: "Existen nóminas correspondientes a centrales cubanas y puertorriqueñas que muestran cómo a fin de mes muchos trabajadores cobraban sólo el 10 por 100 de su salario en efectivo, ya que el resto se lo habían *anticipado*"[346]

---

[344] J. L. Dietz, *op. cit.*, 153. Véase, además, la página 129.

[345] Véase Taller de Formación Política. *¡Huelga en la caña! 1933-1934* (Ediciones Huracán: Río Piedras, 1982) 9, 22, 27-39, 41, 75, 186-190.

[346] M. Moreno Fraginals, *op. cit.*, 471.

Durante el período colonial español la industria azucarera se desarrolló gracias a la mano de obra esclava procedente de África. En el siglo XX la historia será la misma, pero ahora se logrará mediante la esclavitud de nuestro campesinado y, en particular, la de los braceros extranjeros.

AGRICULTURA E IDENTIDAD NACIONAL

Resulta muy significativo el hecho de que en ninguno de estos países, cuya principal riqueza agrícola era el azúcar, se haya identificado este producto con la identidad nacional. En la República Dominicana se considera el hato y el conuco donde se gestó la nacionalidad, mientras para Puerto Rico es el café y en Cuba el tabaco. La caña, por el contrario, en todos ellos se ha asociado con lo extranjero.

En sus orígenes, la sociedad dominicana se organizó en torno a la caña y el hato ganadero. Para producir azúcar se necesitaba mano de obra esclava, mientras que el sistema de vida requerido para trabajar con el ganado no podía basarse en el trabajo esclavo, pues el hatero debía ir donde estuviesen las cabezas de ganado, asimismo conocer los atajos y caminos donde sorprenderlas. En el caso de que tuviese algún esclavo convivía junto a él en las inhóspitas regiones donde pastaban las reses. En fin, que este tipo de vida libre y los riegos que constantemente tenían representaban un gran impedimento para promover la esclavitud.[347] Los hateros, pues, fueron desarrollando una mentalidad estrechamente vinculada al estilo de vida que llevaban. Juan Bosch explica que acabaron estableciéndose en las regiones donde cazaban:

> Se estabilizaron, pero no mejoraron el tipo de vida primitiva, la de perseguidores, cazadores y degolladores de reses... De ahí su falta de sentido del orden social, su desaprensión ante las autoridades e incluso su falta de convicciones religiosas, lo que era inconcebible en aquellos tiempos.[348]

El conuco, a su vez, consistía en una pequeña unidad agraria que cosechaban hombres libres en núcleos distantes, donde cultivaban lo necesario para el sustento familiar. Era una especie de agricultura de subsistencia, cuyos excedentes se vendía luego en distintos poblamientos. Este vivir fuera de las autoridades, tanto

---

[347] Véase J. Bosch, *op. cit.,* 33-34, 45-46; Rubén Silié. "El hato y el conuco: contexto para el surgimiento de la cultura criolla". *Ensayos sobre cultura dominicana* (Fundación Cultural Dominicana: Santo Domingo, 1996) 149-150.
[348] J. Bosch, *op. cit.,* 46.

religiosas como gubernamentales, sin necesidad de esclavos, irá desarrollando grupos de campesinos "independientes" que realmente no requerían del gobierno. En el siglo XVIII podría decirse que ya estaba conformada la sociedad criolla, teniendo como elemento el hato y el conuco lo cual garantizaba la subsistencia de la colonia. Los criollos aseguraban la economía, mientras los peninsulares tenían el control jurídico y político.[349]

Pedro F. Bonó escribía en el periódico *La Voz de Santiago*, el 3 de octubre de 1881, que entre los productos agrícolas que se cultivaban entonces, como tabaco, café, cacao y caña, el primero representaba la "industria por excelencia", ya que era el sustento de la República:

> Él ha sido, es y será el verdadero *Padre de la Patria* para aquéllos que lo observan en sus efectos económicos, civiles y políticos. Él es la base de nuestra infantil democracia por el equilibrio en que mantiene a las fortunas de los individuos, y de ahí viene siendo el obstáculo más serio de las oligarquías posibles; fue y es el más firme apoyo de nuestra autonomía y él es por fin quien mantiene en gran parte el comercio interior de la República por los cambios que realiza con las industrias que promueve y necesita.[350]

La apología que Bonó hace del tabaco, no sólo en la parte económica sino en la política, se basa en que los tabaqueros del Cibao, y él mismo, jugaron un importante papel en la Restauración de la República en el año 1865. Asimismo hay que destacar que los hateros iniciaron con la batalla de Palo Hincado, el 7 de noviembre de 1808, la campaña de la Reconquista en la historia dominicana.[351] Este proceso económico-político vinculará la conciencia criolla dominicana con el hato y el conuco.

A pesar de que Cuba ha sido uno de los mayores productores de azúcar en el mundo, el tabaco representa el producto con el cual se ha asociado la cubanidad. Moreno Fraginals explica que desde un principio, el estilo de vida de estos campesinos contribuye a formar en ellos una mentalidad muy peculiar. Por más que el sistema trató de someterlos, los vegueros cubanos se resistieron a ello:

---

[349] Véase M. Moreno Fraginals, *op. cit.*, 501; F. Franco Pichardo, *op. cit.*, I, 120; E. Silié, *op. cit.*, 155, 158, 165.
[350] Emilio Rodríguez Demorizi. *Papeles de Pedro F. Bonó* XVII (Academia Dominicana de la Historia: Santo Domingo, 1980) 199.
[351] Véase *Ibid.*, 53; J. Bosch, *op. cit.*, 134, 140.

> Mientras los campos cubanos estuvieron despoblados el veguero fue un tipo de campesino casi imposible de someter. Desalojado de un sitio siempre tenía una tierra fértil un poco más allá a donde ir y el derecho de propiedad del terrateniente carecía de efectividad ante la absoluta ausencia de una fuerza coercitiva que lo garantizase.[352]

El cultivo de tabaco no requiere grandes extensiones de tierra, sino bastan fincas pequeñas. Por tal razón, la mano de obra esclava era innecesaria para el mantenimiento del mismo, lo cual no era la situación de la caña. Los vegueros desarrollaron, entonces, una mentalidad independiente y tuvieron que luchar contra el sistema: contra los comerciantes de quienes dependían para la venta y exportación porque les querían comprar a bajo precio, contra los hacendados latifundistas que querían esclavizarlos en sus vegas, y contra el gobierno por el continuo monopolio que ejercía sobre el producto.[353]

En numerosas ocasiones los vegueros protestaron por los abusos que se cometían contra ellos y también se rebelaron al punto de tomar las armas. A todo lo cual se debe añadir que el Apóstol José Martí tuvo el apoyo incondicional de los tabaqueros que vivían en Tampa y Cayo Hueso. Por eso, Fernando Ortiz, en su excelente ensayo sobre el azúcar y el tabaco, concluye: "En la historia colonial de Cuba el azúcar fue absolutista español, el tabaco fue libertador mambí. El tabaco ha influido más a favor de la independencia nacional. El azúcar ha significado siempre intervención extranjera."[354]

La nacionalidad se concebía enraizada en la tierra, ya desde los siglos XVII y XVIII la posesión de ésta fortalecía la idea de cubanidad. Los vegueros cobraron mayor conciencia de ello, por más que Arango y Parreño, en su afán por expandir la producción azucarera cubana, se convirtiera en el ideólogo principal de la sacarocracia cubana y asociara la caña con la nacionalidad. No obstante, la industria azucarera contribuyó a lo que Moreno Fraginals llama "homogenización del paisaje" cubano. En sus palabras: "Hasta fines del siglo XVIII no existió una noción concreta de unidad insular. Cuba está constituida por núcleos sociales de características formales diferenciadas y una muy especial vida autónoma. Estos

---

[352] M. Moreno Fraginals, *op. cit.*, 44.
[353] Véase R. Fernández Valledor. *Identidad nacional…, op. cit.*, 58-59.
[354] Fernando Ortiz. *Contrapunteo del tabaco y el azúcar* (Editorial Ariel: Barcelona, 1973) 99.

elementos típicos comienzan a desaparecer con la unidad que comunica el azúcar."[355]

En Puerto Rico con el cambio de soberanía en 1898, la producción azucarera acapara de tal forma la economía que desplaza el café que era la principal riqueza de la Isla. Los productores de café eran puertorriqueños o españoles arraigados y los azucareros, norteamericanos. De esta forma la caña representaba la intromisión extranjera, mientras el café se asoció a la identidad nacional. La subordinación económica del café se entendió, pues, como un atentado contra la puertorriqueñidad.

No perdamos de vista que el sistema de hacienda cafetalera en la Isla contribuyó a desarrollar un tipo de vida que gradualmente llevará a la toma de la conciencia colectiva. La gran mayoría de las haciendas estaban en manos nativas, esto las convertía en un baluarte económico; asimismo constituían mundos individuales por estar en sitios montañosos y apartados, alejados de la burocracia gubernamental. Eran, como expone Emilio Belaval: "Fortaleza, alcaldía, intendencia, cuarto de cepo, almacén, capilla, cuartel de barraganía, casona de familia, tormentera, atalaya de europeísmo, punto de relevo de la guardia civil y de los quincalleros ambulantes."[356] En estas haciendas se desarrolló la incipiente conciencia nacional del pueblo puertorriqueño y donde las familias criollas asumieron posiciones que salvaguardaron los derechos del nativo, además fue baluarte del movimiento abolicionista y centro de las ideas liberales del siglo XIX.[357] Por eso, la suplantación del café por la caña se interpretó como un atentado a los fundamentos de la identidad nacional.

La injerencia de las corporaciones azucareras norteamericanas en la industria cañera de estas tres Antillas contribuye a que estos pueblos la calificaran como extranjera. A pesar de que representaba la principal riqueza agrícola del país, la gente no se identificó con ella y consideró que esclavizaba al nativo. Sin embargo, en cada uno de estos países se asoció determinada forma de vida agraria con su nacionalidad, según he indicado. A continuación presentaré en forma particular cómo la narrativa de Cuba, Puerto Rico y Santo

---

[355] M. Moreno Fraginals, *op. cit.*, 128.
[356] Emilio S. Belaval. *Los problemas de la cultura puertorriqueña* (Editorial Cultural: Río Piedras, 1977) 40.
[357] Véase Ricardo Alegría. *El tema del café en la literatura puertorriqueña* (San Juan, 1965) 10; R. Fernández Valledor. *Identidad nacional...*, *op. cit.*, 193-194; Luis Zayas Micheli. *Lo universal en Enrique A. Laguerre* (Editorial Cultural: Río Piedras, 1974) 75.

Domingo describe la realidad de la industria azucarera en su respectivo país.

PUERTO RICO: LA ESCLAVITUD DEL CAÑIZAR

La narrativa naturalista puertorriqueña se fijó en el jíbaro y sus problemas, pero en ese tiempo el cañaveral no representaba un grave problema económico ni social. Esto comenzará luego del 1898 cuando las grandes corporaciones absentistas intensifican sus operaciones en Puerto Rico. La primera novela que describe el desarrollo azucarero en la Isla es *La gleba* de Ramón Juliá Marín, la cual aparece primero como folletín en el *Puerto Rico Ilustrado* entre marzo de 1912 y marzo de 1913. A los cuatro meses de iniciada esta publicación se avisa en la revista su inminente aparición como libro.[358] El autor explica en el prólogo la razón de esto: "La carencia de recursos para hacer a tiempo una edición de *La gleba* me obligó a recurrir al folletín de la importante revista literaria *Puerto Rico Ilustrado* [...]"[359]

Esta obra recoge los momentos iniciales de la cañaveralización de Puerto Rico, fijándose en Utuado, pueblo natal del novelista, el cual era un importante centro cafetalero. El autor presenta una fecha, el 20 de marzo de 1906, porque en ella sucede un trágico accidente en la centrifugadora de la central que le cuesta la vida a un mecánico.[360] Desconozco si el hecho fue real, pero la fecha es importante porque nos indica que la acción novelesca se desarrolla en los comienzos de la irrupción masiva de la caña en Puerto Rico. De hecho, Roque, el personaje central, debió emigrar a Hawai huyéndole al hambre, pero allí fue "[...] esclavizado por los *trusts* americanos, que todavía no habían extendido sus tentáculos hasta Las Antillas [...]" (11). Estamos, por consiguiente, ante el umbral de esta realidad.

En el pueblo se acababa de establecer la Otuao Sugar and Company, la cual acapara múltiples fincas y poco a poco va estrangulando a los pequeños y medianos terratenientes. El novelista describe esta fiebre cañera:

---

[358] Véase Fernando Feliú Matilla. "Comentario crítico", en Ramón Juliá Marín. *La gleba* (Editorial Universidad de Puerto Rico: San Juan, 2006) 236-238.
[359] R. Juliá Marín, *op. cit.*, 4. En adelante citaré por esta edición en el texto.
[360] *Ibid.*, 70. Enrique A. Laguerre circunscribe la acción de la novela al año 1907, mientras Cesáreo Rosa Nieves: "[...] al trasfondo histórico de 1905, año cuando comienza el movimiento envolvente de las Centrales Norteamericanas, latifundiendo los terrenos del país." *Historia panorámica de la literatura puertorriqueña* I (Editorial Campos: San Juan de Puerto Rico, 1963) 737.

El alza del azúcar había tentado a los agricultores del centro cafetero, convirtiéndolos en raquíticos colonos de las "Centrales". Era el primer año de ensayo, y ya muchos habían llegado en su entusiasmo desmedido al derribo de los cafetales, cuyo levantamiento costara tantos sacrificios a los antecesores. Pero era una moda iniciada con la nueva dominación y había que seguirla: la caña [...] (12).

Los entusiastas colonos destruían sus cafetos en pro del azúcar, ufanándose de que: "Los de Otuao son todos terrenos propios para la caña. Se dan hasta en los riscos" (24). Pero Feliciano Matos, un ex hacendado, les advierte que: "La caña [...] acabará de confirmar la ruina de esta comarca [...]", pues aunque la cosecha de ese año había sido buena se debía a la fertilidad del terreno por el descanso que había tenido, pero cuando no sea así, se "[...] tendrá entonces las cañas del grueso de un dedo"(24). Realmente no era un buen negocio para la región porque el nuevo cultivo sólo enriquecería a unos pocos.

La voz relatora expone que la experiencia de este hombre vislumbraba la desolación de la región, por tal razón les hacía ver a los agricultores la ilusión de una prosperidad que no era real:

El terrible pulpo de la "Central" lo absorbería todo: ganancias y capitales; porque en virtud de los contratos, los colonos habían pasado a ser unos simples arrendatarios [...] La "Central" obtenía el trece por ciento y se quedaba con el nueve; los braceros trabajaban a medio jornal; los empleados no disfrutaban de un sueldo razonable. Era un amasijo perpetuo de dinero para tres o cuatro individuos; [...] la caña exótica desterrando el café de su región nativa [...] (30-31).

Realmente el cuatro por ciento que les daban a los colonos no alcanzaba para sufragar los gastos de siembra y acondicionamiento de los cañaverales.

No empece esto, la fiebre de la caña se apoderó de los agricultores, al punto de que: "[...] había caña donde quiera; caña presta a convertirse en oro en cuanto el monstruo de la *Central* la despachurrara entre sus recios cilindros de acero y la arrojara en borbotones de líquido verdoso en los hirvientes tachos" (43). La siembra de caña obsesionó tanto a la región que se obvió la de los productos necesarios para el sustento diario. Dice el novelista: "El nuevo cultivo lo absorbía todo: brazos, tierras, y era necesario importar hasta las habichuelas [...] La Compañía funcionaba satisfecha, porque el capital se duplicaba cada año como por encanto" (42).[361]

En varias ocasiones Juliá Marín califica la central como un monstruo que todo lo devora o un pulpo que con sus tentáculos aprisiona su alrededor. Con esta simbología quiere expresar que es tan poderosa que tiene el control de todas las actividades. Esto lo llegó a plasmar el pintor Julio T. Martínez, amigo de infancia del novelista, en un cuadro que tituló "El Genio del Ingenio" el cual servirá de portada a la edición del año 1962.[362]

Hasta los ventorrillos sufren el embate de la central, porque ésta establece tiendas donde los obreros compraban a crédito y luego pagaban con los vales que recibían por su trabajo. Según el novelista, así se revivía "[...] el antiguo sistema de *trabajo en cambio* para que todo el oro de la mina se quedara en casa" (42). El autor concluye que con el sistema económico de vida y hacienda que implanta la central se intensifica el caciquismo y la vinculación estrecha del trabajo con la política (78).

Sin embargo, las cosas no fueron según esperaban los agricultores utuadeños y lo que se presagiaba como una gran riqueza agrícola en la región se desmoronó, pero ya era imposible volver atrás, porque volver a sembrar café significaría tener que esperar varios años a que los cafetos crecieran, ya que se había talado montes en pro de la caña. Entonces, vino el cierre de la central (160-174). Este hecho lo retoma Enrique A. Laguerre en su segunda novela *Solar Montoya* (1941), cuya trama también se desarrolla en esa región. Dice al principio del relato:

> Aquí no desaparecían los cafetales; en las inmediaciones del pueblo, en algunos valles y hacia el litoral, sí. A pesar del fracaso de la Central a principios de siglo, la siembra de caña afectó seriamente la vida del cafetal. En las afueras del pueblo estaba aún el montón de ruinas del gran molino; antes que él cayera cayeron varias fincas, estancias y haciendas de la sierra. Eso sucedió en muchos lugares de la isla.[363]

---

[361] En un pasaje novelesco, Roque mira con amargura lo que eran las tierras de sus padres: "Recuerdo [...] que donde está ese cañaveral había una gran pieza de café que producía más de ochenta fanegas. Mi padre cuidaba mucho de él porque lo tenía por el mejor de la propiedad. Aquella loma que se ve por encima del primer cerro que corta la ladera, estaba sembrada de plátanos y el sobrellano de más allá, unas veces de maíz y otras de tabaco, cuando no de habichuelas. Ahora todo es caña. Parece que la tierra se va a cristalizar en dulce, y que vamos a dar luego un saco de azúcar por un trago de café" (48).

[362] Véase Edgardo Rodríguez Juliá. "*La gleba* devora a sus hijos", *op. cit.*, 299-320.

[363] Enrique A. Laguerre. *Solar Montoya* (Editorial Cultural: Río Piedras, 1978) 26.

Pero considero que en *La gleba*, más que la preocupación económica se aprecia la preocupación cultural o espiritual. Feliciano Matos es en ella la voz que alerta sobre las desgracias, pues expone el deterioro en que se vive al momento del relato. Dice: "En nuestra época se vivía mejor; no había tanto egoísmo, tanta corrupción en las costumbres, ni estos mequetrefes de la política se nos subían tan alto [...]" (33). A lo cual el ex comerciante López le da la razón:

> Yo he aprendido a observar como tú, la rápida desaparición de nuestras costumbres legendarias. Este Otuao de hoy no se puede comparar con el de ayer sin sentir honda amargura en el alma: nos han usurpado la personalidad. Tú y yo, y todos los que como nosotros piensan y viven, somos extraños hoy en esta región. ¡No cabe duda! (37).

Sin embargo, pese al fatalismo que recorre la narración, el futuro del café es esperanzador, por eso concluye la novela con entusiasta optimismo:

> En mitad de la estación de otoño, inclinaron los cafetos su deshojado varillaje, abrumados por la excesiva carga de los granos maduros, rojos como guindas, que interrumpían la verde monotonía del paisaje. Con cesto al hombro, alegres mozos se alegraban en medio de aquella algazara de voces, sonorosas en el eco melancólico de las frondas pobladas de gorjeos y las oquedades sembradas de chirridos. Cantaba la vida uno como himno de felicidad en honor a la tierra madre, que así demostraba su prodigalidad, con tan buenas cosechas, capaces de iniciar nuevamente el resurgimiento de la muerta riqueza agrícola (208).

Este resurgimiento del café –identificado con lo autóctono, lo puertorriqueño- es presagio de que, al final, Puerto Rico prevalecerá frente a lo extranjero.

Enrique A. Laguerre con *La llamarada* es el novelista por antonomasia de la caña en Puerto Rico, ya que con gran acierto describe el apogeo de esta industria durante la década del treinta y el vía crucis del jíbaro por sobrevivir. Esta obra ha merecido las más elogiosas críticas hasta nuestros días y es nuestra novela más leída y estudiada. Antonio S. Pedreira explica que en ella se presenta la problemática social de nuestros campesinos, porque "[...] se interna isla adentro, en la zona cañera, y pinta maravillosa y artísticamente sin acrimonia ni propaganda, la vida rota y aplastada del pobre trabajador puertorriqueño."[364] Esta obra describe la realidad económica y social del momento en que vivía Puerto Rico, tomando

---

[364] Antonio S. Pedreira. *Aclaraciones y crítica* (Imprenta Venezuela: San Juan, 1941) 211.

como escenario Moca, Aguadilla e Isabela, también Aguada, donde está la central Coloso.

Las grandes corporaciones tenían puesto su interés en la caña y hacían todo lo posible para absorber los terrenos cerca a las centrales. En la narración, además de las haciendas de Palmares y Santa Rosa, se mencionan otras subsidiarias de la central: La Esperanza, Los Naranjos, La Monserrate y Los Pozos (32, 87). El problema estribaba en que las familias dueñas de las haciendas con pequeños trapiches para fabricar azúcar no podían competir con la central y quedan, entonces, como meros colonos que le suplen caña y en algunos casos hasta pierden sus tierras.

Mano Encho recuerda sus años mozos en La Monserrate y describe cómo ésta vino a menos, porque: "Los descendientes de monsieur Sandeau no supieron conservarla; la hacienda fue a otras manos. El dueño actual -hijo de un isleño español- está embrollado y caído. La Central lo tiene acorralado" (110). Lo peor de todo esto es que poco a poco el capital nativo va desapareciendo. Reitera este jíbaro: "Hasta he sabido que una vez don Oscar le había propuesto arrendarle la colonia y que don José, orgulloso se negó; para ahora vivir arrinconado, en continuo vasallaje a la central. La historia es por demás sombría. Así se van acabando los ricos de antes, así se va debilitando el nervio insular" (111).

El colono don José es ejemplo de esto. Se lamenta del aprieto económico en que vive debido a sus negocios con la central:

> Me metí en negociaciones con esa gente y de la noche a la mañana me vi con enormes deudas. Un día vino don Oscar a arrendarme los terrenos y yo me negué. Me veía obligado a vender las cañas a ellos. Casi siempre salía con poca *sucrosa* y hubo una vez de perderse mucha caña cortada. Las pesadas de mi romana nunca coincidían con las de la central, siempre a favor de ellos. Me la robaban así, por vagones, descaradamente. De esta zafra he salido arruinado. Como yo no podía pagar me enviaron un hombre a hacerse cargo de los cañaverales y pasé a ser una especie de mayordomo en mi propio terreno (142).

En el texto se indica que esto mismo le pasó a don Diego Martínez, otro colono comarcano (141-142).

Al personaje central, Juan Antonio Borrás, le duele esta realidad, según se desprende de sus palabras: "Experimenté cierto dolor por las glorias muertas de estas heredades en un tiempo con vida propia y ahora sujetas a la oscura tiranía de la Central" (30). *La gleba* describe muy bien la diferencia entre fabricar el azúcar en los antiguos trapiches para el sustento y cómo se hace en la central con un desmedido afán comercial.[365] Realmente existía una diferencia muy grande entre el sistema de haciendas que se vivía en Puerto Rico y el de las realidades sociales que impuso la central azucarera a la familia puertorriqueña. Vemos una total transformación que se desprende claramente de las palabras de Cheroles:

> Las haciendas deante eran otra cosa. Se vivía mejorcito. No había tanto orgullo como hora mesmo. Se sacaban muchos bocoyes de azúcar, miel, romo. El azúcar valía mucho. Se vendía destilando la miel. Era un contento bregar con las máquinas. Y no sólo eso. Había ganao que era una barbariá. Vacas, bueyes, becerros, chivos. Bueno, la mar. Toíto se hacía en la hacienda. No faltaban los majaguales pa'cer sogas. Enantes no se compraba la pita. Para eso estaba la majagua. Es más: hasta los zapatos, los bocoyes, los sombreros, toíto se hacía en la hacienda [...] Enante se comía más plátanos, se bebía más leche, se comía más carne aunque juera de jicotea. Ahora, toíto ha cambiado (112).

Existía, por consiguiente, un contraste muy marcado entre la economía de hacienda y la de plantación. En aquélla se vivía de la tierra, mientras en ésta se vive para la tierra en un deseo ilimitado de producción para obtener más ganancias. Antes, la caña le servía al obrero para su subsistencia, ahora el obrero vive para la caña a fin de que le rinda pingües ganancias a las corporaciones.

Con insaciable sed de acaparamiento, el monstruo de la central lo devora todo, según metaforizara Juliá Marín. En *La llamarada* reiteradamente se insiste en el infierno que vive el jíbaro en el cañaveral, porque está esclavizado a la producción azucarera. El novelista describe una fila de obreros que recibían su paga con las siguientes palabras: "Una muchedumbre heterogénea pero condenada a la misma pena: la esclavitud del cañaveral" (68). Asimismo un peón le comenta a Juan Antonio Borrás:

> Yo tenía un hermano que le tuvo un miedo atroz al cañaveral. Se enfermaba cada vez que le mentaban el trabajo en él. Decía que no iba a morir esclavo. Y fue lo único que nos dejó papá, que Dios perdone. Una herencia de trabajo en el cañaveral. Pero mi hermano se huyó... Se fue huyéndole al infiernito del cañaveral (71).

El jíbaro da pena, según destaca la voz narradora: "Algunas de estas personas jugaban el jornal ganado en el infierno de los cañizares" (114). E insiste en esta idea: "Verdaderamente que en el

---

[365] Véase R. Juliá Marín, *op. cit.,* 71-74.

cañaveral ellos son esclavos que viven en la miseria extremada" (133). La central prácticamente se convierte en la dueña de toda la región y supedita a ella la vida de los trabajadores.

Lo que ganaban diariamente los obreros en el cañaveral no llegaba a un dólar, y hubo zafras en que sólo eran cincuenta centavos. En la novela se indica que les pagaban sesenta centavos diarios y encima de la escasa paga y del excesivo trabajo en la central les robaban parte del salario con la excusa de que "[...] en tiempos de España se ganaban rial y medio trabajando de sol a sol" (69). Un obrero le recrimina al capataz Rosado la merma de su paga:

> -¿Cómo que dos pesos? Tengo cinco días de trabajo. A sesenta, son tres pesos. Y no he cogido un centavo en la tienda.
> -Estás equivocado, don –exclamó Rosado-. Esto te pago y es mucho.
> -Usted me ofreció sesenta.
> -Pero tu trabajo resultó una porquería.
> El peón lo miró con mirada conminadora. Y al retirarse murmuró.
> -Toítos son unos pillos. Pa la miseria que uno gana y luego robarle así [...] (69).

El jíbaro está consciente de que lo explotan en las tiendas de la central, donde le venden los productos a sobreprecio, pero no tiene otra opción, porque aquí le fían o tiene que redimir los vales con los cuales le pagan su trabajo (73). Encima de esto, don Oscar le da instrucciones a Juan Antonio para que los obreros trabajen más sin pagarle por ello:

> En vista de la crisis y el deplorable estado de cosas es necesario que se les coja tiempo a los peones en bien de nuestras faenas. Pueden entrar algunos minutos después de las siete y aparecer trabajando desde las ocho. Además, los suelta un poco más tarde, no mucho, para que no noten la diferencia (132).

La tierra, pues, se ha transformado en el escenario de explotación del jíbaro y el novelista dramatiza acertadamente este hecho con el caso del peón Ventura Rondón, quien vive en un mísero bohío con toda su familia. En muchas ocasiones debe ir a trabajar sin haber tomado si quiera un poco de café. El hambre le impide realizar su trabajo que por obligación debe hacer para llevarle comida a su familia. Su caso puede resumirse en el juicio que sobre él se hace: "Es un hombre anémico, 'jincho', un caso perdido, porque a tal se reduce su existencia" (57).

No hay salvación, la caña vence en la lucha que el jíbaro sostiene contra ella. Juan Antonio se desahoga en su fuero interno: "¡Cañaverales, lagos de desventuras! Abrotoñó la semilla vellosa regada por el sudor de los tristes siervos. La sabana está invadida: se oye el galope fiero de la miseria. Lo va atropellando todo, vidas, árboles, el orgullo insular [...]" (223). Y concluye categóricamente que el cañaveral es "[...] enemigo del conuco, enemigo jurado del jíbaro" (223-224).

En *La llamarada* se presenta la rivalidad entre el café y la caña, lo cual, según he indicado, no se considera meramente una pugna económica, sino cultural. En *Solar Montoya*, novela que completa el cuadro de *La llamarada*, lo puntualiza más. Concha Meléndez lo destaca: "Tras la angustia del jíbaro en la zona del cañaveral, la agonía lenta de las haciendas de café [...] Agonía más trascendente que la sabanera, porque en la sierra se concentra nuestro pasado: leyendas indígenas, eticismo español, folklore criollo" (7).

Ante el derrumbe de las haciendas cafetaleras como consecuencia de la apatía gubernamental y las hipotecas, escribe don Alonso en *Solar Montoya*: "Pienso que Puerto Rico debiera mantener sus cafetales del mismo modo que las naciones mantienen barcos de guerra. El café es una defensa para la isla" (153). La mayoría de las haciendas eran propiedad de puertorriqueños, el sistema vida del peón era distinto, la riqueza se quedaba en el país, el ambiente se protegía... Todo esto frente al cañaveral que explota a colonos y peones y sólo enriquece a unos pocos que viven en el extranjero.

Sin embargo, Laguerre opina que es sustentable mantener la caña, siempre y cuando sirva para el bienestar del pueblo. En *Solar Montoya*, a Gonzalo le parecía:

> [...] que de ninguna manera se debe creer en la desaparición de los cañaverales. Son una necesidad económica. La caña es necesaria; sólo que en vez de vernos obligados a servirle, es ella la que nos debe servir. Más importante que la factoría azucarera es la eternidad de nuestro espíritu (155).

Y más adelante puntualiza la necesidad de que se mantenga esta industria para que no se desestabilice la economía del país, pero acentúa también la necesidad de proteger el café:

> No hay duda, el cañaveral hace falta; es más, desde el punto de vista económico, es imprescindible para sostener los servicios públicos. Decir lo contrario es no decir la verdad [...] Sin embargo,

queda en pie un grave problema: gradual y firmemente va mermando la importancia económica del café (163).

La llamarada concluye con un refugiarse en la montaña para hacerse fuerte allí y conquistar la sabana, en una feliz metáfora para proclamar el triunfo del café sobre la caña, o sea, de lo puertorriqueño sobre lo extranjero. En Solar Montoya se mira esperanzador el futuro del café, igual que en La gleba:

> [...] no bien había Gonzalo pisado el batey de la casa, oyó el ruido de yaguas secas del aguacero. Se detuvo unos instantes. A las primeras gotas el ambiente se saturó con el olor del polvo sediento. Y Gonzalo se fue a descansar, seguro ya de que, a la mañana siguiente, el cafetal sería una alborada de promesas (226).

Es importante destacar que otras novelas del café terminan con esta visión optimista. Por ejemplo, El derrumbe de César Andreu Iglesias concluye: "Ha comenzado a llover. ¿Qué más escribir? Si amanecerá mañana el café florecido... Mañana si duda."[366]

REPÚBLICA DOMINICANA: EL DOMINIO EXTRANJERO

A mediados de 1960, Manuel Antonio Amiama escribe su novela El terrateniente, cuya primera edición es de 1970. Según el autor, refleja "[...] el ambiente humano de San Pedro de Macorís durante el quinquenio preñado de sucesos extraordinarios, de 1916 a 1921."[367] A pesar de que la Sociedad Dominicana de Bibliófilos incluye este relato entre las novelas de la caña, creo muy acertado el juicio de Bruno Rosario Candelier cuando indica que la ocupación de Santo Domingo por los norteamericanos "[...] cobra una dimensión dominante en la obra [...] y obviamente opaca otra temática por lo que esta novela no es propiamente una novela de la caña, que es temática marginal [...]"[368] De hecho, la llegada de Genaro Martínez,

---

[366] César Andreu Iglesias. El derrumbe (Gráfica Panamericana: México, 1960) 297.
[367] Manuel Antonio Amiama. "El terrateniente", en La novela de la caña (Editora de Santo Domingo: República Dominicana, 1981) 521. En este volumen también aparecen las novelas Over y Cañas y bueyes. En adelante citaré por esta edición en el texto.
[368] B. Rosario Candelier, op. cit., 184. Berta Graciano presentó en el año 1989 su tesis doctoral Técnica narrativa y discurso ideológico en tres novelas dominicanas de la caña en University of California. Según Manuel A. Ossers Cabrera, en ella se examina el contexto histórico y el procedimiento narrativo de las novelas de Moscoso, Marrero y Amiama:"Contrario a la asunción tradicional de que estas novelas parten del punto de vista de los peones, Berta Graciano revela que los autores en realidad defienden su propia clase social, la burguesía (Moscoso Puello y Marrero Aristy) y la oligarquía (Amiama)". Véase "Bibliografía Anotada de tesis doctorales en Estados Unidos sobre literatura dominicana". Revista de Estudios Hispánicos (Universidad de Puerto Rico, Río Piedras, 1995) 523.

el personaje central, a San Pedro de Macorís coincide con el desembarco de las tropas norteamericanas (528).

Sin embargo, esta narración nos permite apreciar el impulso que recibió la industria cañera durante la ocupación, alentada por las grandes corporaciones y la subida del precio del azúcar en los mercados internacionales. Asimismo, cómo dichas corporaciones y los terratenientes se adueñaron de extensos predios de terrenos; además, se dramatiza la volatilidad del mercado azucarero y su estrepitosa caída tras la Primera Guerra Mundial.

Antes de que esto sucediera, existía un balance que favorecía a los dominicanos sobre los extranjeros en la participación de la industria cañera de esta región. Según se aprecia en la novela, entre los dueños de las colonias: "Los hay de todas las nacionalidades, americanos, alemanes, franceses, italianos, españoles. La mayor parte, son dominicanos que viven en Macorís" (587). La central es propiedad norteamericana y muele la caña de los colonos, aunque tiene cañaverales propios con los que está experimentando. Entre los empleados del ingenio hay muchos americanos, "[...] pero hay también muchos dominicanos" (587).

Lo cierto era que existía una fiebre inmensa por sembrar caña, debido a lo cual los cañaverales se extendían por doquier. Esta idea se repite constantemente en la narración. Nos explica la voz relatora:

> Muchas personas, no sólo de Macorís, sino de otras ciudades de la República, se orientaban en la siembra de caña. No eran pocos los que, abandonando o descuidando sus antiguas ocupaciones [...] se habían lanzado a fomentar colonias de cañas, invirtiendo en ellas no sólo su propio capital, sino recursos que obtenían en préstamo de los establecimientos bancarios y de las grandes casas comerciales [...] (649).

El propio Genaro se contagia con la idea de prosperidad que le atribuía la gente a los nuevos sembradíos cañeros: "[...] el hecho era que el azúcar seguía subiendo. Si todos los capitalistas macorisanos que conocían el negocio azucarero desde hacía años, y quienes no lo eran, tenían sus colonias y se empeñaban en extenderlas cada día más, no veía por qué él no podía enrolarse también en esa actividad" (675). Según el relato, contrario a lo que sucedía en la Capital, que los ingenios eran extranjeros, en San Pedro aún prevalecía el capital nativo; por esta razón, uno de los personajes insiste en el hecho de que el azúcar será productiva "[...] siempre que las colonias permanezcan en propiedad de los mismos macorisanos" (671).

En ese tiempo no se había intensificado aún la inmigración de braceros extranjeros. Entre ellos prevalecían los trabajadores de las islas inglesas, como se aprecia en el siguiente fragmento del relato: "Toda la calle estaba ocupada por una verdadera muchedumbre de gente que hablaba en altas voces los más distintos idiomas: inglés, francés, papiamento, pero sobre todo inglés" (608).

A mi entender lo más valioso de esta obra es la lucha jurídica y revolucionaria que se libra por la posesión de las tierras comuneras. La Nueva Ley de Tierras facilita el despojo de las familias que las trabajaban desde generaciones para entregarla a los terratenientes. En este contexto, los gavilleros se ven como los defensores de los desposeídos y unos patriotas que luchan contra la ocupación. Todo esto se escenifica con el personaje central.[369]

Las zafras de 1920 y 1921 fueron muy buenas, pero tras la famosa "Danza de los millones" que enriqueció a muchos tanto en Santo Domingo como en Cuba y Puerto Rico, viene la debacle con la caída del precio del azúcar en los mercados internacionales y con ello la ruina de mucha gente.

Cañas y bueyes (1935) de Francisco E. Moscoso Puello describe el diario vivir de la molienda en todas las áreas de una central. Se fija en el corte, la transportación, el pesaje, la molienda, el batey... Por sus páginas desfilan colonos, haitianos y cocolos, americanos y alemanes, bodegueros y boyeros...; en fin, el abigarrado conglomerado social que le da vida a la industria azucarera. A su vez, resulta un valioso testimonio del folclore dominicano.

En la obra se presenta el marcado contraste entre la industria cañera y el estilo de vida que genera con la del conuco. Por consiguiente, existe una deliberada intención del autor por enfrentar ambos métodos de producción y los modos de vida. Resalta que la caña tiende a lo extranjero: centrales, colonos y braceros importados, los cuales invaden el territorio y destruyen los montes, mientras el conuco afianza la dominicanidad. Realmente la trama no importa tanto, sino resaltar el mundo del cañaveral y cómo es cada una de las piezas (tala, sembradío, animales, molienda, personajes...) del engranaje industrial del azúcar. Resulta una especie de ensayo narrativo en el cual se van explicando los elementos de dicho engranaje. Se convierte, de esta forma, en un importante documento social y costumbrista de ese momento social.

---

[369] Véanse las páginas 531, 535, 596, 600, 604, 647, 666, 683, 696.

La obra dura los cinco meses de la zafra y los acontecimientos suceden después de la Tercera República, o sea el año 1924).[370] Debido a los altibajos del azúcar, la acción puede ubicarse en la década del treinta, fecha en que se escribe. Sin embargo, retrospectivamente nos lleva a la época de *El terrateniente* porque se alude a la tala de los montes para sembrar caña y a los gavilleros que se movían por este territorio.[371]

Los montes se desbrozan a favor de la caña. Se arrancan las matas de plátanos, se abren los potreros, se tumban palmares y árboles frutales, se pierden los pastos... El entorno cambia completamente, porque: "Las colonias [cañeras] se multiplican con asombrosa rapidez" (11). Pero no sólo cambia el paisaje, sino el ambiente también se transforma con ello. Con gran plasticidad se le indica al lector: "Por todas partes sólo se ven ahora cañas o retoños, alambres de púas. Carretas y bueyes. Han aumentado los robos y los caminos están llenos de gentes desconocidas que no tienen un *maíz que azar*" (10). Es tal la extensión del cultivo de la caña que ha cubierto prácticamente toda el área cultivable de esta región:

> No tenían los cañaverales ninguna interrupción, a no ser las que oponían los ríos que los cruzaban a manera de canales de riego, o alguna que otra cinta de monte, tan estrecha, que apenas daba sombra. La caña no terminaba hasta llegar al pueblo y al mar, porque seguía a la de los otros Ingenios. Allí en el mar no se podía sembrar, ni en el pueblo tampoco (75).

Esto lleva a cuestionarse a los campesinos: "-¿Pero, y los víveres? Dónde vamos a descosechar los víveres –se preguntaban muchos" (11). Aunque no faltan campesinos que defienden la caña y reniegan del conuco, ya que ven en aquélla una forma de progreso, mientras en éste, un atraso económico. Aludiendo a la tala de los montes, comenta un campesino: "¡Yo tumbo con gusto compadre!, - le oyó decir el mismo viejo Pablo a un *correo de a pie* en la bodega. - ¡Alzo caña, cojo una carreta, hago cualquiera cosa, pero los víveres, que los siembren otros más brutos que yo! Eso no deja. Lo tengo experimentao. Por mi parte no habería conucos" (14).

La central, amparándose en la Nueva Ley de Tierras, se adueña -bien desalojando a los residentes por la fuerza o por medios legales- de las fincas aledañas para sembrar caña. Indica la voz relatora:

---

[370] Francisco E. Moscoso Puello. *Cañas y bueyes* (Asociación Serie 23: Santo Domingo, 1975) 31, 250. En adelante citaré por esta edición en el texto.
[371] Véanse las páginas 12, 26-31, 63.

> La Compañía procedía en todos esos sitios con gran actividad a la
> siembra de cañas por Administración o por Contrata, alentada por
> el buen precio y con el propósito de aumentar rápidamente la
> producción. En ese tiempo se compraron miles y miles de tareas
> de tierras y centenares de posesiones que eran potreros, conucos
> y botados, y otros fueron ocupados en virtud de adjudicaciones
> judiciales, por sentencias de Tribunales Competentes (16).[372]

Al final de todo esto, los dominicanos quedan como meras
piezas de la poderosa central azucarera: "De esta manera fácil,
ingeniosa, quedaron convertidos en simples peones, si acaso, un
centenar de campesinos, dueños de conucos y fundos, de donde
sacaban el diario sustento para su familia" (42). Esto también
acarrea un problema muy grave, porque la posesión desmedida ha
creado el latifundio (37); o sea, la posesión de las tierras en unas
pocas manos, con todas las consecuencias funestas que esto
conlleva.

La central explota a los colonos con el fin de obtener más
beneficios y endeudarlos de tal forma que pierdan sus tierras.
Comentando sobre el rumor de que la central se quedaría con
muchas colonias después de la zafra, debido a las grandes deudas
contraídas por los colonos, comenta el personaje don Antonio: "No
me sorprende. Siempre hacen lo mismo. Cuando quieren salir de un
colono lo exprimen hasta que reviente. En todos los Ingenios es
igual. Después que le siembran la caña le permiten vivir algún
tiempo y luego lo echan fuera" (173).

Según se presenta en la novela, a los extranjeros dueños de
las centrales les interesa únicamente acrecentar su riqueza sin
importarles el país o la gente. En cierta ocasión *Mister* Moore le
indica a don Marcial: "-Nosotros no estamos aquí para jacer favores.
Estamos para ganar dinero [...]" (59). Añádase a esto la visión
negativa que tienen del país, pues era de dominio público que la
única obligación que no eluden las centrales es pagar los impuestos
al gobierno; razón por la cual tienen tanta influencia con los políticos.
Expresa un personaje sobre dichos extranjeros:

> [...] estas gentes tienen una opinión muy triste de nosotros, pero
> nosotros parece que ignoramos esto y siempre estamos como
> dicen *pelándoles el diente*. Somos unos ilusos. Están cansados
> de vernos frente a sus escritorios vendiéndoles hasta la camisa. Y

---

[372] Véanse, además, las páginas 9-11, 22-23, 32-33, 39-41, 57, 200-201.

una infinidad de funcionarios han vivido *echándoles fajazos*. ¿Qué conceptos pueden tener de nosotros? (62).

Mister Moore opinaba: "Dominicano tiene el cabeza para el sombrero solamente" (154). Y con motivo de una ley que favorecía al peón nativo indicó:

> -Dominicano no conoci su país. El jenti aquí no sabi nada. Sin haitiano, sin cocola, no hay zafra. Dominicano es el jenti del gallo, del balsié, y del santo. Sabi mucho de jiglesia. No quieri trabaja. Y si trabaja es pensando en fiesta. Quieri descansar todo el tiempo (213).

Y concluye: "[...] Dominicano cree vali mucho. Tiene en cabeza su país es el primero del mundo [...]" (214). En la novela se insiste en varias ocasiones sobre esta opinión negativa que tiene el extranjero sobre el dominicano.[373]

Resulta muy significativo el contraste que se presenta en la narración sobre el estilo de producir azúcar en ese tiempo y el que existía antes. El texto indica que cuando don Marcial trabajaba en la bodega del Ingenio Quisqueya era diferente y lo demuestra con unas ideas muy importantes: la tierra era posesión de dominicanos, el dueño del central "un hombre excelente"…, en conclusión "se vivía relativamente bien":

> Se consideraba la caña de azúcar como un buen negocio. En ese Ingenio había aproximadamente unas doscientas colonias, casi todas pertenecientes a dominicanos. La mayoría de éstas eran pequeñas, hasta de doscientas tareas, y todos los colonos vivían relativamente bien. El dueño del Central era un hombre excelente, cubano, y el sistema por el cual se administraba era totalmente distinto al de las Compañías americanas (59).

Más adelante explica que antaño el colono estaba vinculado al ingenio y velaba por su buena marcha, ambos se daban mutua ayuda y los peones estaban bien atendidos; en fin, que: "Entonces era un encanto" (242).

Por el contrario, en la actualidad se explota al obrero y se prefiere la mano de obra haitiana porque es más barata.[374] Ya se aprecia la gran cantidad de braceros extranjeros que vienen a trabajar a Santo Domingo: "Han llegado aquí de todas partes. De los cuatro puntos de la república. Y de Haití. Y de las islas de Barlovento. Es una población internacional. En la colonia se habla

---

[373] Véanse, entre otras, las páginas 178-200, 212.
[374] Véanse las páginas 107, 109-110, 137, 229.

patuá, inglés y castellano. Son las lenguas más comunes" (104). Pero los nativos recelan el arribo de obreros extranjeros, según expresa la novela: "Los peones dominicanos ven con ojeriza a los trabajadores exóticos. Piensan que les vienen a quitar el pan" (109). Esto hace que se susciten altercados entre ellos: "Existe una continua y peligrosa lucha de intereses en las fincas. Entre dominicanos y haitianos, entre ingleses y dominicanos, las rivalidades por el trabajo ocasionan disputas que dan lugar a reyertas sangrientas" (203).

A los peones les pagan con vales que redimen en las tiendas de la central donde les cobran más caro y, encima de ello, les roban. De aquí que reine gran desconfianza entre los trabajadores con los bodegueros y los encargados de la paga.[375] Se insiste en que el cañaveral es un infierno y que los peones son esclavos.[376] Creo que las palabras de don Marcial sintetizan muy bien esta idea: "El peón de hoy vive bajo un régimen de esclavitud. Y el colono es un paria, un infeliz" (243). Se animaliza la condición de los obreros de la caña con el siguiente comentario: "Porque de los bueyes depende el éxito de la zafra. Sin los haitianos y los bueyes es un fracaso" (90). La novela finaliza resaltando la vida del conuco, ejemplificado en el personaje Nano, quien deja la caña porque: "Esto es una esclavitú" (255) y se va a trabajar a su conuco (255-257), acción con la que enfatiza la dominicanidad.

La gran novela dominicana de la caña es *Over* de Ramón Marrero Aristy, publicada en el año 1939. Presenta el panorama de la industria azucarera en todo su apogeo durante la misma época en que se escribe. De hecho, del diálogo entre un colono y el administrador se preludia la Segunda Guerra Mundial.[377] Analiza el control de las centrales en todo lo relacionado con esta industria a través de las bodegas o tiendas de la central. La narración comienza y termina del mismo modo, el personaje principal Daniel Comprés está sin trabajo ni vivienda, luego de pasar por interrogantes existenciales que lo llevan a sublevarse por las injusticias que presencia.

En esta obra existe una marcada intención por resaltar el papel negativo del extranjero en la industria de la caña y el desprecio que siente éste por el nativo. El *manager* de la central es un

---

[375] Véanse las páginas 114, 116-118, 230-231.
[376] Véanse las páginas 142, 178, 206, 243, 244, 255.
[377] Ramón Marrero Aristy. *Over* (Ediciones taller: Santo Domingo, 1980) 165. En adelante citaré por esta edición en el texto.

norteamericano, *Mister* Robinson, su asistente un latinoamericano y el administrador un alemán, *Mister* Baumer, asimismo los empleados con sueldos de trescientos a cien dólares mensuales: "Todos –con rarísimas excepciones- extranjeros que ocupan las mejores residencias destinadas a empleados en las avenidas del batey central" (29). Un bodeguero se desahoga con Daniel de la siguiente forma:

> -Ves las cosas claras, hermano; y no creas que los blancos las ven en otra forma; pero ellos aquí sólo han venido a hacer dinero. ¿Crees que en su país no hay buenas tierras, que allá no hay dónde hacer inversiones? ¡Sí que hay! ¡Pero allá no pueden tratar al hombre como aquí! A nosotros nos sacan la sangre, nos quitan la dignidad, ¡siembran el caos con sus métodos! (68).

Los personajes entienden que los extranjeros miran con recelo a los dominicanos y los desprecian porque se consideran superiores a ellos:

> Aquí está este hombre que en su país no fue nadie y que llegó al mío como peón de factoría, convertido en señor manejándome a su antojo; y yo dispuesto a acatar [...] Soy bodeguero. Nací en este país y este otro viene de más allá del mar. Soy un cero y él es una palanca con un gran punto de apoyo. Él está autorizado a dar órdenes y yo y todos los míos tenemos que obedecer (92).

Valerio se lamenta de ser un bodeguero de la central por el desprecio que siente su jefe por él:

> ¡A nosotros nadie nos salvará! Yo me he sentado en la cama del Presidente de la República; he vivido entre gentes de posición que han sonreído al hablarme [...] y heme ahora soportándole humillaciones a estos cerdos adinerados, menos que una hormiga, insignificante como cualquier cucaracha, ¡un cero en la vida! (100).

El alemán que supervisa a Daniel llega a la bodega para inspeccionarla, ignorando la presencia de éste: "A pesar de que al entrar tuvo que rozarme, pasó sin saludar. Es la costumbre de la gente 'superior' que vive sobre nosotros aquí. Ahora, ya en la tienda, sin percatarse de que existo, lo registra todo con insolencia y sin igual" (90).

Eduardo, el bodeguero, refiriéndose a la actitud de superioridad de los extranjeros frente a los dominicanos, la compara a la de los españoles con los indios: "Hoy vienen a despojarnos y a servirse de nosotros, 'solicitando' permisos de los gobiernos –respaldados por su gran nación- para hacer inversiones 'que favorecerán al país', pero el fin y los resultados son los mismos" (103). Este personaje pone al corriente a Comprés sobre la persona que los supervisa: "Nuestro *dictador* no era más que un carnicero en su país, cuando su mujer hizo amistad con uno de los magnates accionistas y dirigentes de esta compañía. ¡Ésta fue una gran amistad! Y el descuartizador de reses se convirtió en señor del departamento de tiendas de este central" (65).

He subrayado la palabra dictador, porque esta obra se escribe en plena dictadura trujillista y el novelista con una deliberada intención presenta lo negativo de una dictadura encarnado en los extranjeros, al punto de considerar, en este caso concreto, "un carnicero" de oficio al supervisor. Está resaltando que los auténticos dictadores o los causantes de los males de la República son los extranjeros, por lo tanto el gobierno debe ser el libertador o redentor. Por eso el autor concluye que el gobierno debería castigar a los capitalistas por la explotación que sufren los dominicanos (206). Recuérdese que cuatro años antes se había dictado una ley para dominicanizar la zafra

El novelista recurre a la cosificación y animalización para hacerle ver al lector la degradación del ser humano en el cañaveral. Daniel se siente como si fuera un mero objeto en manos de los administradores (27) y en la tienda tiene que volverse "[...] escoba, estropajo, gato y perro a la vez, ¡todo, menos una persona decente!" (52). Llevaba, pues "[...] una vida de perro" (53).[378] Minuciosamente se describe la forma en que traen a los haitianos y cocolos, encerrados como animales en las bodegas de barcos y transportados en camiones como mercancía (79-83). Pero la despersonalización o animalización se aprecia mejor aún en la dramática descripción de la forma en que se les selecciona para trabajar:

> En un corral de alambres de púas, encerrados como ganados, vigilados por los policías del central que rondan cejijuntos, armados de revólver y machete, son contados y apartados para ser remitidos a diversas colonias.
> Dice una voz:
> -Para "El 63", ¡cincuenta hombres!
> Y otra responde:
> -¡Ya están!
> Sigue la primera:

---

[378] Véase la página 31.

-Para "El 109", ¡treintaicinco hombres!
Y la otra repite:
-¡Ya están! (80).

Algunos mayordomos y colonos "[...] escogen sus hombres *como buenos* compradores de reses" (81). Considero que el siguiente símil dramatiza muy bien la idea que quiere presentar el novelista: "Los haitianos, sentados en los troncos que servirán de combustible a la bomba, mastican su hambre, como bueyes que se echan tranquilamente a rumiar" (49). Es tal el sometimiento de estos braceros que viven indiferentes, siempre hambrientos, sin esperanza de ninguna clase como verdaderos esclavos.[379] Por eso afirma Eduardo, el bodeguero amigo de Daniel: "Ya no traen negros del África, porque no hay necesidad de ir a buscarlos tan lejos, ni de pagarlos tan caros. Las ideas del Padre las Casas se pueden seguir practicando con haitianos y cocolos alquilados" (103).

A pesar de que el novelista ha descrito minuciosamente la forma en que se trata a estos braceros y se ha dolido de ello, considera que estos extranjeros constituyen un grave problema social para la República. No sólo porque desplazan al trabajador nativo, sino porque no contribuyen a mejorar la condición social de los trabajadores dominicanos. Hablando sobre ellos, reflexiona el personaje central:

> Esas gentes vienen de Haití y de las islas inglesas todos los años, con la idea de trabajar para volver a sus casas dentro de seis meses y no pueden –aunque no tuvieran la esclavitud de siglos en el alma, y aun poseyeran capacidad-, pensar en reformas, porque no son de aquí y la suerte del país no les interesa (68).

Recordemos que dos años antes se había cometido el genocidio haitiano en la frontera dominicana.

La novela toma el título de las ganancias que se obtienen por robar, y es el *over* precisamente el que proporciona más ganancias. Según explica Daniel Comprés, el robar en la central es lo más natural y todos lo hacen: el pesador de caña le roba al carretero, la central al colono, el bodeguero a los peones...[380] Un haitiano describe con acierto esta realidad: "-En la finca tó son ladrón. Roba el bodeguero, roba el pescador [el pesador de caña], roba la mayordomo, y yo ta creyendo que la má ladrón de toitico son el blanco que juye en su carro" (43). Se puede concluir, sin lugar a

---

[379] Véanse las páginas 30, 35-36, 41, 68, 79, 95.
[380] Véanse las páginas 43, 49, 61-62, 65, 118.

dudas, que en la central todo es *over* (175). Esta realidad transforma a las personas, lo que se ejemplifica con don Martín, el mayordomo puertorriqueño que comenzó a trabajar en la central con la ilusión de volver a su tierra, quien se duele de que ésta lo ha transformado. Le dice a Daniel:

> Comprés, cuando vine aquí yo era un hombre honrado, y por conservar el empleo, ya ni siquiera soy eso. He aprendido a engañar y a mentir con tanta naturalidad, para servirle a este capital y serle grato a sus administradores, que ya no me sería posible vivir en un ambiente donde no tuviera que estar constantemente engañando, en actitud de acechanza, como se está siempre aquí (97-98).

La central está organizada aun en el más mínimo detalle, para monopolizarlo todo; resulta un mundo aparte al que se compara con una república (29). Su fin es hacer dinero aprovechándose como sea de todo el mundo. Lo explica un personaje: "-Si el Central sólo hiciera azúcar podríamos vivir. Y es que el Central hace de todo y vende de todo, ¡hasta el hielo y el carbón!" (204-205). En fin, el monstruo o pulpo de la central se engulle a la gente. Y realmente quienes más sufren son los obreros, pues el salario que reciben no les da para vivir ellos ni su familia: "El peón, el empleado o como se llame, tiene que gastar más de un sesenta por ciento –casi nunca baja de un ochenta o un noventa por ciento- de su salario o sueldo, y luego, aquello que le sobra es tan poco, sirve para tan poca cosa, que horas después cae en el cajón de las bodegas" (204).

La central les paga a sus peones con vales que sólo sirven en las bodegas propiedad de la central. Algunos bodegueros les compran los vales a los obreros con descuentos del 25% o 30%, ya que los trabajadores, especialmente los haitianos desean tener dinero en efectivo (158). A un mulato avejentado que tenía una pequeñita bodega independiente, la central le hacía la vida imposible por la competencia que él representaba para sus bodegas (113-114).

El personaje principal tiene un dilema existencial, pues se percata de cuánto ha cambiado, por eso se dice a sí mismo: "¡El *over* se tragó tu vida¡ Le pertenecías" (210). Y se cuestiona y lamenta por la situación de la República Dominicana: "¿Ésta es mi tierra? ¿Por qué esta isla que debió ser de paz se ha tornado en pantano semejante? ¿Por qué nos matan así?" (220).

Ante este cuadro desolador qué le queda al pueblo dominicano. ¿Existirá algún tipo de esperanza para que esta situación pueda cambiar? Según el texto, hay esperanza y la misma está en el gobierno de Trujillo. La tesis novelesca la expresa el inglés Brown. Véase con detenimiento esta afirmación:

> -Ustedes tienen esperanza. Tienen porvenir. Su pueblo es libre. Este mal pasará. Llegará un día en que estos grandes capitales tendrán que darles al pueblo y al estado lo que les corresponde, y devolverán buena parte de los millones que se han llevado a costa de las inmigraciones de esclavos y del nativo desorientado y abandonado. Ustedes tienen esperanza, les repito. Alguna vez las cosas serán diferentes (102).

Resulta muy significativo el tono esperanzador de este discurso. El mal reside, por consiguiente, en los extranjeros, no en el gobierno. Hay que doblegar a las corporaciones extranjeras que son las causantes de la desgracia del pueblo dominicano.

La tesis está hábilmente expuesta y responde a una intención muy particular del autor. Recordemos que el mismo estuvo muy vinculado al trujillato, aunque después sufriera sus consecuencias. Como explica el profesor Franco: "A partir de la incursión de Trujillo en los negocios azucareros, se dio inicio a una campaña de críticas a los ingenios norteamericanos. Esa campaña comenzó con la publicación de la novela *Over* de Marrero Aristy [...]"[381] De hecho, la edición fue financiada por el partido político de Trujillo y tras su publicación, según indica este historiador: "[...] le siguieron esporádicos artículos y cartas publicados en la prensa controlada por la tiranía, donde se hacían críticas a los propietarios norteamericanos de ingenios".[382] No obstante, esta obra quedará para la posteridad como un importante documento social de lo que significó esta industria para los dominicanos.

CUBA: LATIFUNDIO Y CORRUPCIÓN

En el año 1924, Luis Felipe Rodríguez publica *La conjura de la Ciénaga*,[383] la cual pudiera considerarse la primera de las novelas cubanas de la caña. Trece años más tarde aparece su versión definitiva bajo el título *Ciénaga*. En el prólogo de esta última nos explica: "Cuando vio la luz *La conjura de la Ciénaga* no era, esencialmente, más que una incompleta y pintoresca novelita de costumbres campesinas de nuestra Antilla mayor. Eso me dice mi

---

[381] F. Franco Pichardo, *op. cit.*, II, 564.
[382] *Ibid.*, II, 564.
[383] Véase Luis Felipe Rodríguez. *La conjura de la Ciénaga* (Mnemosyne Publishing Inc.: Miami, 1969).

criterio actual."[384]   De aquí que reformara y ampliara el relato inicial para resaltar la situación política y económica cubana, además de presentar la realidad social del guajiro.

Quiere plantearle al cubano lo que en su novela *Caniquí* (1935) José Antonio Ramos llamó: "Nuestro vasallaje a la usura yanki, en víspera de la inevitable transformación universal que se avecina, parece acentuarse en Cuba con graves síntomas de descomposición social."[385]   Por esta razón, Luis Felipe anticipa lo que será su proyecto futuro: "Tengo el deseo de escribir la novela del cañaveral, donde está la tragedia de nuestra vida antillana [...] No podría empezar esta novela del cañaveral sin concluir aquélla [*La conjura de la Ciénaga*]."[386]   El crítico Juan J. Remos y Rubio considera que cristalizó este deseo con los cuentos de *Marcos Antillas* en el año 1939.   Sin embargo, Max Henríquez Ureña opina que realmente estos cuentos "[...] son esbozo y un anticipo del tema, pero no llegó a convertir en realidad su proyecto."[387]

Más que plantear todos los problemas del cañaveral, este autor se fija en los problemas que acarrean el acaparamiento de tierras por parte de las empresas norteamericanas y la fiebre que desató la siembra de caña debido a la Primera Guerra Mundial.   Este conflicto hizo que aumentaran los beneficios de la industria azucarera, pues en el 1914 la zafra fue de 163 millones de dólares, la del 1915 de 202 millones y la de 1916 de 308 millones.[388]   Esto lo resume muy bien la voz narradora: "[...] en tanto que la gran fábrica del azúcar inició el proceso de la economía semi-colonial del Norte" (12).   Sin embargo, ese afán devorador de tierras para sembrar caña no era sólo del extranjero, sino también de los cubanos:

> El ingenio redujo la tierra del plátano, la yuca y el boniato y casi devoró el suelo, donde se siembra el café y el tabaco, mas, oh experiencia del devenir histórico: la lanza de la caña de azúcar que se clavó en el hondón de nuestra entraña insular, para darnos la vida junto con la muerte, ahora también está clavada cual una espina sangrienta en el seno profundo de la codicia metropolitana (18-19).

---

[384] Luis Felipe Rodríguez. *Ciénaga* (Mnemosyne Publishing Inc.: Miami, 1969) 7.
[385] José Antonio Ramos. *Caniquí* (Editorial Letras Cubanas: La Habana, 2002) 2.
[386] L. F. Rodríguez, *op. cit.* 9.   En adelante citaré por esta edición en el texto.
[387] Véase Juan J. Remo y Rubio. *Historia de la literatura cubana* III (Mnemosyne Publishing, Co.: Miami, 1969) 289; Max Henríquez Ureña. *Panorama histórico de la literatura cubana (1492-1952)* II (Ediciones Mirador: Puerto Rico, 1963) 310.
[388] Véase H. Thomas. *Cuba, la lucha por la libertad 1909-1958* II (Ediciones Grijalbo, S.A.: Barcelona-México, 1974) 688.

Vicente Aldana es un funcionario gubernamental de menor jerarquía encargado de realizar el censo en el barrio La Ciénaga[389] del municipio de Tontópolis. Era la época de la guerra europea y del servicio militar obligatorio, razón por la cual, la gente recelaba la visita de este funcionario, según se aprecia en la explicación que el propio Aldana ofrece: "Ciudadano, esto no tiene nada que ver con el servicio militar obligatorio. Ninguno tiene que ir. Además, ya se acabó la guerra. Esto es el censo. Lo manda el Gobierno para saber cuántos habitantes tiene la República (80).

Por su vínculo con los Aliados, en la Primera Guerra Mundial, Cuba le declaró la guerra a Alemania. De hecho, los Aliados compraron casi toda la zafra de 1918.[390] Por esta razón, en agosto de 1918 se estableció el servicio militar obligatorio; sin embargo, el reclutamiento no fue bien visto por la opinión pública, debido a ello no pasó de la mera inscripción. También se vio la necesidad de redactar una nueva ley electoral, lo cual se aprobó el 19 de julio de 1919, para lo cual era necesario realizar un censo con el fin de determinar la población de la Isla y poder depurar las listas electorales.[391]

El comienzo de la Primera Guerra fomentó que se extendiera el cultivo de la caña de azúcar, motivado por la destrucción de los campos de remolacha en Europa, hecho que aumenta considerablemente el precio del azúcar. Esta realidad se manifiesta en el presente diálogo:

> -Este año tendremos buena zafra; nos llegó la hora, compadre. El azúcar cada día está subiendo.
> -Yo pienso moler este año unas cuantas arrobas más pa que no se queje el americano y vea que aquí en Cuba se le da muy dulce la pelota y no se anda creyendo en la remolacha.
> -Yo voy a sembrar algunas caballerías [...] Ya he tomado lo necesario en los Bancos que les están ayudando a los colonos. Hasta pienso aprovechar pa la siembra de caña el territorio donde tengo una punta de maíz y algunas tablas de yuca. Pa el resultado que da eso... Caña, caña, esto es lo único que hace falta y vale la pena... (31).

---

[389] El nombre del barrio se puede interpretar como reflejo de la situación política que vivía el país. De esta forma los terrenos bajos y cenagosos del barrio: "[...] abreviaban, más que ningún libro, una síntesis de nuestra historia insular" (53). Referente al nombre del municipio, Tontópolis [ciudad de los tontos], alude al pueblo cubano sometido al extranjero, por eso existe una "República semi-colonial" (54).

[390] Véase H. Thomas, *op. cit.*, II, 696.

[391] Véase Calixto C. Masó. *Historia de Cuba* (Ediciones Universal: Miami, 1976) 451, 492, 499.

Este fenómeno político-económico hizo que muchos se aventuraran a la siembra de caña. El historiador Hugh Thomas advierte que: "Fascinado por el rápido aumento de los ingresos, el país empezó a volverse gradualmente loco por el dinero."[392] El valor de la tierra subió un 500%. De aquí que el relato hable de los nuevos colonos "[...] que al conjuro de los altos precios del azúcar habían surgido de todos los ámbitos de la República [...]" (31).

La acción novelesca se desarrolla en la antigua provincia de Oriente y precisamente muchos bosques de esta parte de Cuba se talaron para sembrar caña y construir nuevas centrales. El autor acentúa la cañaverización de esta región como reflejo de lo que estaba sucediendo en Cuba con la siguiente adjetivación: "floreciente cañaveral" (43), "extensos campos de caña" (56), "extenso cañaveral" (76), "extensos cañaverales" (97), "gran cañaveral" (103), "amplio cañaveral" (104), "vasto cañaveral" (111, 197)...

Esta novela denuncia el estado de abandono del campesino cubano, cuya vida se debatía entre el dominio financiero del "ingenio norte-americano" y la corrupción de los políticos (54-55). Dicha influencia es tal, que Fengue Camacho reconoce que: "El porvenir de Cuba está en la caña y en la política del Partío [...]" (150). Todavía en la década del cuarenta, siendo yo un niño, se escuchaba machaconamente: "Sin azúcar no hay país."

Insistentemente el novelista se refiere al hombre de campo en los siguientes términos: "el sufrido campesino cubano" (20, 23), "el pobre guajiro" (58), "el pobre campesino" (61-62), "el ingenuo campesino" (60). Estos campesinos que son explotados por los terratenientes y engañados por los políticos, según el autor: "[...] son la verdadera fuerza viva de la Patria" (25). Aún más, el guajiro "[...] es nuestra única reserva de vida, nuestra garantía económica y nuestra afirmación más segura y fuerte" (61). Insiste en el abandono y engaño en que lo tienen: "Dicen los políticos que el campesino es muy haragán. Sin embargo, trabaja más que estos buenos señores que van a pedirle el voto para después no hacer absolutamente nada por los demás" (82).[393]

---

[392] H. Thomas, *op. cit.*, II, 98.

[393] Constantemente el novelista alude a la incapacidad y corrupción de los políticos. Entre otros pasajes: "[...] tantos legisladores de los monosílabos" (20). "¡Se puede vivir tan bien del presupuesto!" (21). El político "[...] sabe más de mujeres que de Economía Política, sabe más de agio y trapisondas que de leyes beneficiosas para el país" (60). "¡Oh, la comedia tristemente grotesca de nuestros legisladores provincianos! Casi siempre más incompetentes e ignorantes que un artesano estudioso, van a la Cámara a estar constantemente callados por causa de no tener nada bueno y útil que decir, pero que después van a cobrar muy tranquilamente su sueldo a la nación como si lo hubiesen trabajado con ideas salvadoras o con el sudor de sus frentes"

La caña arropa la vida de los habitantes de La Ciénaga, lo cual acarrea la deshumanización del trabajador, no importa que sea peón o colono, pues el afán desmedido de riqueza y el excesivo trabajo por un mísero salario despersonaliza. En una pesadilla que tiene Vicente Aldana se ejemplifica esta realidad. Refiriéndose a la molienda del ingenio: "[...] no era zumo dulce de caña lo que salía de estos tubos, sino algo cálido y ardiente cual sudor de sangre. Zumo de vida empapaba la tierra crepitante y fecunda, merced a este abono vital" (138). Todos los habitantes de La Ciénaga se transforman en caña en esa pesadilla dantesca, ya que se vive para producir azúcar. Ella esclaviza a todo el mundo: "Las cañas de este cañaveral tenían ahora las cabezas de todos los habitantes de La Ciénaga. Sí, en cada caña estaba una cabeza de los que estaban arriba y debajo de La Ciénaga" (138).

No se insiste tanto en la importación de braceros haitianos y jamaicanos. Sólo en un pasaje se remenciona de paso, aunque resulta significativo el adjetivo indefinido que utiliza, el cual subrayo: "[...] trajeron *todo* el Haití y *todo* Jamaica para los campos inmensos de la planta magnífica que ondula en aquellas imaginaciones tropicales como un mar de oro" (32).

Las compañías norteamericanas acapararon grandes extensiones de tierras, no sólo para sembrar caña, sino también para explotar la riqueza minera cubana. Dos hechos novelescos ilustran esta realidad. Al Comandante Fundora desean convencerlo para que "[...] venda un pedazo de tierra improductiva a Mister Norton, ese americano chiflao que le da por comprar terrenos llenos de manigua y marabú, pa la Cubanacán Búcaro Company" (145). A fin de cuentas, según indica Fengue Camacho, Fundora tiene esas tierras donde no se puede sembrar nada; además, quienes aconsejan esto son personas que desean el bienestar de la República. Según este personaje: "[...] los abogaos entendíos de La Bana, que quieren el bien de Cuba, me recomiendan, por medio del Jefe, que ayude a comprar la siembra de caña *toitica* la tierra que se pueda, porque *así también se hace Patria*" (145).

Vicente Aldana, escéptico ante estas nobles intenciones patrióticas, narra un cuento que corría por toda Hispanoamérica

---

(60). "Yo creo compañero, que hay muchos "majases" en el Gobierno" (81). Dice un político: "Para ser representante, Alcalde, o Senador de la República, no se necesita hablar bonito ni ser sabio. Los sabios estaba probado que no sirven para nada, porque casi todos son locos. Lo que hacía falta para ser Alcalde, Representante o Senador, era hacer mucha política efectiva, tener lo que tienen los hombres cuando se llega al caso: mucha energía, gramática parda y mano izquierda. Lo demás sólo eran cuentos y música celestial" (169-170).

sobre un tal Tranquilino Liborio Romani[394] y John Smith, personajes que encarnan al latinoamericano y al norteamericano, para advertir sobre la venta de las tierras. Este americano compraba muchas tierras, sin importarle que fueran "buenas o malas". Los campesinos lo consideraban loco porque les pagaba en dólares y dejaba las tierras abandonadas. Pero luego de un tiempo, los terrenos vendidos estaban cercados y se explotaba la riqueza mineral en ellos. Por eso la moraleja alerta: "Es peligroso vender un terreno que parece que no sirve. ¿No sería mejor indagar si las manos estuvieron quietas?" (149). Finalmente el Comandante Fundora vende las tierras a *Mister* Norton (150-155).

El tema de la venta de tierras está muy presente en la literatura cubana de esta época, particularmente en la ensayística. El drama *Tembladera* de José Antonio Ramos tiene puntos convergentes con la novela de Rodríguez, no sólo en el título –reflejo de la situación cubana del momento- sino en la extranjerización de la industria de la caña y la corrupción gubernamental. Uno de los personajes manifiesta: "[...] bastante veces te he oído decirle al viejo que si el "yankee" nos está absorbiendo, y que dentro de poco no quedará nada cubano en Cuba [...]"[395] El personaje *Mister* Carptbagger representa al ingenio americano que colinda con la finca "Tembladera" y está muy interesado en comprarla (344). Pero al final del drama triunfa la cubanidad, porque no se vende la tierra. Su propietaria afirma decidida: "Ya no se llama *Tembladera*, Teófilo, ni se irá de nuestras manos. Allá iremos pronto a quitarle ese nombre y darle uno nuevo *Tierra firme*, por ejemplo *Esperanza* [...]" (383).

La influencia norteamericana en la política y la economía cubanas era de tal magnitud, que el historiador Masó asevera: "El desarrollo de la industria azucarera contribuyó a acentuar la mentalidad colonial que caracteriza en gran parte la etapa republicana [...]"[396] Asimismo explica que durante el mandato del Presidente Mario García Menocal:

---

[394] Rodríguez presenta en la novela unos personajes símbolos: Liborio Bartolo Morejón (51). Liborio es un personaje del folclor, que encarna al cubano, creado por Víctor Patricio Landaluce en el siglo XIX. Asimismo, Marcos Antillas que volverá a aparecer en los cuentos del libro del mismo nombre que también recoge relatos del cañaveral, es un hombre consciente del expolio extranjero en las Antillas (19). Véase Luis Felipe Rodríguez. *Marcos Antillas: Relatos del cañaveral* (Instituto Cubano del Libro: La Habana, 1971). Por último, este Tranquilino representa al latinoamericano.

[395] *Teatro cubano contemporáneo* (Aguilar S. A. de Ediciones: Madrid, 1962) 328. Véanse también las páginas 334-335. En adelante citaré por esta edición en el texto.

[396] C. C. Masó, *op. cit.,* 489.

[...] se acentuó la costumbre que los centrales azucareros entregaran colonias de cañas a los jefes militares de su zona, a cambio de que respaldaran la situación existente en los bateyes, donde muchas veces no había otra ley que la voluntad del propietador o administrador del ingenio, y en las categorías inferiores del poder judicial se recibían beneficios semejantes por facilitar a los administradores de ingenios el cumplimiento de determinadas exigencias del procedimiento judicial.[397]

Tras el apogeo de la industria azucarera que, como he indicado, se conoce en la historia cubana como la "Danza de los Millones" vino la ruina de grandes capitales debido a la caída de los precios. Véase la fluctuación de los precios en el siguiente cuadro cronológico del año 1920, el cual se considera el "año grande" del azúcar. Para que se tenga una idea el precio promedio del azúcar en el año anterior fue de 6.65 centavos la libra:

2 de marzo	:	10 centavos
18 de marzo	:	11 centavos
27 de marzo	:	12 centavos
8 de abril	:	15.5 centavos
15 de abril	:	18 centavos
12 de mayo	:	19 centavos
14 de mayo	:	20.5 centavos
17 de mayo	:	21.5 centavos
18 de mayo	:	22 centavos
19 de mayo	:	22.5 centavos
fines de junio	:	17.25 centavos
fines de agosto	:	11 centavos
septiembre	:	8 centavos
fines de noviembre	:	4.25 centavos
Navidad	:	3.75 centavos[398]

Entiende el historiador Masó que la caída de los precios del azúcar al terminar el conflicto bélico, "[...] acentuó el control de los capitalistas de los Estados Unidos en la economía cubana y en especial en la industria azucarera y la banca."[399] Este es el cuadro que la novela de Rodríguez pinta con acres colores sobre esta realidad.

---

[397] *Ibid.*, 494.
[398] Véase H. Thomas, *op. cit.*, II, 709-711.
[399] C. C. Masó, *op. cit.*, 493.

La novela *Tilín García* de Carlos Enríquez no es totalmente una novela de la caña porque gran parte de su interés reside en resaltar la corrupción gubernamental y el vasallaje a que está sometido el campesino cubano. Según Félix Pita Rodríguez, como a Enríquez le repugnaba la burguesía y condenaba la gran mentira de la sociedad burguesa, no podía ignorar que era esta misma burguesía la que explotaba al guajiro cubano.[400] En este relato se denuncian las injusticias de políticos y colonos contra el campesino. Se destaca la importancia de trabajar la tierra, en contraste con quienes viven ociosos en la ciudad, donde:

> En las puertas y portales se agolpan cientos de individuos famélicos, harapientos, desangrados por los insectos que prefieren morirse de hambre en los pueblos a trabajar en los campos; que prefieren vender periódicos, que todos leen sin comprar, y billetes de lotería que incrustan en el cerebro a fuerza de chillidos a labrar una cuarteta de tierra en donde la yuca les dé casabe abundante (145).

La obra se desarrolla en la provincia de Camagüey en la segunda década del siglo XX, ya que se alude a una frustrada rebelión contra el Presidente Mario García Menocal en el 1917 llamada *La Chambelona,* calificativo que recibió debido a una popular conga que se había utilizado en la campaña política.[401] Durante este período toma notable impulso la industria azucarera. Se da una especie de revitalización industrial de este producto, lo cual se escenifica en el relato. Se plantea que todo funcionaba muy bien hasta que llegó la fiebre del azúcar porque los colonos y las grandes corporaciones norteamericanas para adquirir más tierras, con el fin de sembrarlas de caña, se valieron de artimañas legales, de políticos corruptos, el miedo, el chantaje y la fuerza para apropiarse de ellas. De esta forma, "[...] el guajiro se vio desplazado, amedrentado, despojado y perseguido; de pequeños propietarios pasaron a ser esclavos [...]" (46-47).

La incontenible fiebre cañera arrasaba todo, al ser humano y al ambiente. Todo era caña y según explica la voz relatora:

> Se les obligó [a los campesinos] a vender a centén la caballería de monte de maderas preciosas, que como antorchas olorosas ardieron meses enteros, para sembrar caña. Se les quemaron

---

[400] Félix Pita Rodríguez. "Prólogo". Carlos Enríquez. *Dos novelas* (Editorial Arte y Literatura: La Habana, 1975) 13-15. Esta edición recoge los relatos *Tilín García* y *La vuelta de Chencho.* En adelante citaré por la misma en el texto.
[401] Véase H. Thomas, *op. cit.,* II, 689-695.

cafetales inmensos, que valían fortunas, para sembrar caña. Se les sacrificaron miles de cabezas de ganado, utilizando los potreros para sembrar caña. Haciendas enteras de frutos menores y árboles frutales fueron arrazados para sembrar caña. Las siembras de las sitierías fueron abandonadas para sembrar caña (47).

El personaje central, don Atilino García, quien prefiere que lo llamen Tilín, resulta una especie de "[...] símbolo, una esperanza, el magnífico instrumento del desposeído contra el latifundio" (44). Él quería organizar a los pequeños colonos en una cooperativa o sindicato azucarero para controlar el abastecimiento de caña a las centrales sin intermediarios, también para fijar los precios contra las arbitrariedades de los dueños de dichas factorías. De esta forma, la central estaría en función de la producción de estas cooperativas campesinas, hasta lograr su objetivo final: una "molienda sin hacendados" (103-105, 115).

En la comarca, como en el país, todo había sucumbido ante la industria cañera: "Los centrales azucareros brotaron de la tierra como yerba mala [...] que infestaron los campos con sus cachazas hediondas, regando el virus de la ambición y de la esclavitud [...]" (47). Y, a fin de cuentas, para que luego el capital se vaya del país (47, 115). El novelista recurre al símil de un pulpo para resaltar cómo la central domina la vida de la región, empobrece al campesino y enriquece a sus dueños: "El fin de la pesadilla era un plato de arroz para el guajiro y un millón para los que regían con sangre, con máquinas y sirenas. Poderosos tentáculos que absorbían el jugo de la tierra, de los hombres y de las bestias" (73). El novelista dramatiza la incesante molienda de la central. Obsérvese la reiteración, a base de distintas categorías gramaticales, para darle movilidad y fuerza a la prosa:

El central continuaba moliendo su cuota de azúcar nocar (sic), no pararía un instante hasta llegar a la última arroba; andaban sus máquinas día y noche, vomitando azúcar, humo y cachaza. Mientras tanto, sus relojes de precisión hacían roncar las sirenas exigiendo más caña, más energía, más sudor, más hombres, más bestias; sus máquinas no se agotaban, se les nutría de aceite y fuego; sus hombres no se agotaban, se les amenazaba con el "despido"; sus campos no se agotaban, se los sembraba con sudor. Día y noche, máquinas, hombres y bestias arrasaban los campos de caña, febriles, insomnes, palúdicos. Hombres roídos por las diarreas, el fango, las lombrices y la desnutrición, que amarillaban en su cráter de 39 grados de calor al sol; bestias flacas, cansadas y sedientos que tiraban de las carretas hacia una pirámide de azúcar. Todos, hombres y bestias, entongando cañas,

haciendo azúcar, llenado sacos, sacos y sacos. 100 arrobas, 100,000 arrobas, 1,000,000 arrobas. Las máquinas locas, sin frenos; los hombres agotados, sin sangre; los bueyes sin carnes, al matadero.
¡1,000,000 de toneladas! (73).

Como en el país todo el mundo roba, desde el bodeguero hasta el político, esto se ha convertido en algo normal y generalizado. Explica Tilín a su interlocutor sobre este ambiente de corrupción:

Han visto robar desde que eran niños; primero les robaron sus tierras, después el ganao, en la siembras que vendieron y en los jornales, en tóo don Esteban, entoitico les han robao. Entre la gente que los castiga por robo, lo ven ellos hacer, sólo que lo hacen con más picardía y con recogía grande. ¿Y la política? ¿No cree usté que están viendo tóo los días cómo se le roba al pueblo, al que trabaja? ¿Ahora dígame usté si no se va a la escuela a prender? (50).

Plantea la novela que la tierra es la esperanza de la nación, pero hay que trabajarla para que produzca. El campesino es quien sabe quererla y cuidarla porque recoge de ella sus frutos. Sin embargo, los extranjeros son quienes más se aprovechan, no sólo de la producción azucarera, sino también de la riqueza mineral. Expone la voz relatora: La tierra "[…] en lo hondo e sus entrañas acumulaba riquezas fabulosas en hierro y cromo. Ese subsuelo no era guajiro, hacía tiempo que había *aprendido* el inglés y abandonaba el país por el puerto de Nuevitas" (74).[402]

También se destaca la presencia de braceros haitianos y jamaicanos para trabajar en la caña, envilecidos por la esclavitud del trabajo. Los colonos se aprovechan de la indefensión de estos seres humanos para esclavizarlos y robarles su salario. Hablando sobre uno de dichos colonos, se indica:

Este Núñez es de los que contrata haitianos que traen como si fueran esclavos, sin paga y sin ná, los tiene tóa la zafra aquí por la comía y después les da vales pal siguiente año. Si se van de la colonia pierden los vales, y si se quedan tienen que trabajar otra zafra también con papelitos, y así de una pa otra, por lo que arresulta una cadena en que siempre pierde el negro (110).

---

[402] Nuevitas es un municipio que está al norte de la provincia de Camagüey, con un excelente puerto que ha sido, y es, un importante lugar de transportación de mercancía, especialmente de azúcar.

Recordemos que el escenario novelesco es el de una provincia cubana, Camagüey, no de la capital. El final del relato plantea la tesis que ha ido desarrollando: La capital, donde residen los políticos y los extranjeros, explotan al campesino y al hombre de pueblo. Con esto recalca que la nacionalidad se encuentra en estos hombres y mujeres porque la capital está corrompida. La voz relatora nos describe el pensamiento de Tilín García:

> La comunión con el infinito le hizo intuir las cosas, al filtrarse la eternidad por sus venas unos instantes. Comprendió entonces que el pueblo era la síntesis de la patria, que latía aún en ellos el resabio del coloniaje político-social-económico de otro tiempo, sólo que hoy era la capital quien lo avasallaba en función de la metrópoli (158).

Ante la situación política y económica que vivía la sociedad cubana, en las obras de estos novelistas se acentúa la corrupción gubernamental y la ingerencia extranjera tanto en la política como en la economía cubanas, pero muy en particular se resalta el abandono en que se tenía al guajiro.

PALABRAS FINALES

La agricultura está estrechamente vinculada al desenvolvimiento de los pueblos, de forma tal que la vida de ellos gira en torno a la misma. Por esta razón hablamos de una cultura del maíz, la yuca, el trigo o el arroz. En las Antillas tuvimos caña desde los albores de la colonización española y, aunque no era autóctona, se aclimató tan bien en toda la región que se convirtió en la principal productora de azúcar del mundo; sin embargo, la caña no se visualizó vinculada a la conciencia nacional de estos países.

Esta realidad está estrechamente unida a la situación histórico-política de la región. No cabe duda que la proximidad a los Estados Unidos y el interés de las grandes corporaciones norteamericanas por la producción azucarera de Cuba, Santo Domingo y Puerto Rico permitió que la industria se considerara como extranjera y asfixiante. Todas las novelas que se han presentado en este trabajo tienen un denominador común: la visión negativa en la intromisión económica y política en estos pueblos de las empresas azucareras absentistas.

Dichas empresas acapararon tierras sobornando a funcionarios gubernamentales, mediante artimañas legales y hasta empleando la coacción y la fuerza. Buscaron mano de obra barata sin tener en consideración vida familiar, cultura o dignidad de la persona. Los novelistas, principalmente los dominicanos describen cómo llegaban y cómo era la vida de estos infelices braceros importados.

Actualmente en Puerto Rico la industria azucarera ha desaparecido, pues de unas cuarenta centrales que había cuando se escribió *La llamarada* hoy no queda ninguna. Sólo Cuba y la República Dominicana continúan produciendo azúcar, pero ya no es como antes. Es una industria que está en crisis debido a las transformaciones tecnológicas y económicas que ha tenido la sociedad desde que se escribieron estas novelas hasta nuestros días.

Al leer estos relatos, uno se percata que los problemas de estos países eran muy similares; asimismo, uno comprende lo que significó el desarrollo azucarero en las Antillas. Sin duda alguna esta industria representó una gran riqueza para estas islas, pero sólo enriqueció a unos pocos y significó la esclavitud de muchos otros. El pobre campesino quedó tan olvidado e indefenso como siempre. En la actualidad estos textos quedan como testimonios desgarradores de la esclavitud de nuestro hombre de campo. En sus orígenes fueron los esclavos africanos quienes trabajaban en la elaboración del azúcar, en el siglo XX los nuevos esclavos fueron nuestros campesinos y los braceros importados. Los relatos que he presentado son testimonios de la explotación del ser humano y el expolio de los pobres por los poderosos y en este sentido estas novelas se convierten en una defensa de la dignidad de la persona

Este libro se terminó de imprimir en los Talleres de Impresora Lulu
15 de agosto de 2008
Morrisville, NC 27560

www.ingramcontent.com/pod-product-compliance
Lightning Source LLC
Chambersburg PA
CBHW051801040426
42446CB00007B/453